ÉTUDE

LES FRAIS DE JUSTICE CRIMINELLE

ET

LE DÉCRET DU 18 JUIN 1811

PAR

E. VERLET (DU MESNIL)

ANCIEN MAGISTRAT

Auteur du Nouveau Code de la police du roulage.

Quære et invenies.

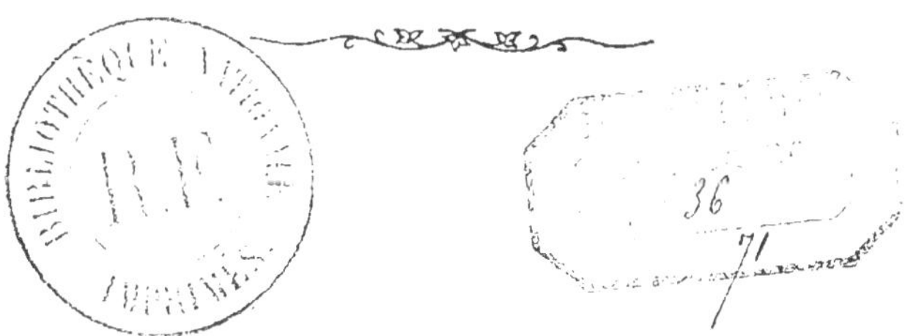

PARIS

A. DURAND ET PEDONE LAURIEL, ÉDITEURS

9, RUE CUJAS (ANC. RUE DES GRÈS).

—

1872

ÉTUDE

SUR

LES FRAIS DE JUSTICE CRIMINELLE

ET LE DÉCRET DU 18 JUIN 1811

CHAUMONT. — IMPRIMERIE DE C. CAVANIOL.

PRÉFACE

« Qui se mesle de choisir et de changer usurpe l'auctorité de juger et se doibt faire fort de veoir la faulte de ce qu'il chasse et le bien de ce qu'il introduict. »
(MONT., *Essais*, liv. III, c. 8.)

En me livrant à un travail qui n'a d'autre mérite qu'une recherche consciencieuse des difficultés auxquelles peut donner lieu l'application du décret du 18 juin 1811, et des solutions dont elles sont susceptibles, je n'ai eu en vue que ma propre satisfaction ; si, en le publiant, je puis être utile à quelqu'un, je m'estimerai doublement heureux.

Le décret du 18 juin 1811 a été modifié par des lois et des décrets ultérieurs et interprété par des circulaires et des décisions de la Chancellerie. Ce sont ces documents qui, mis chacun à leur place, expliquent le texte et l'éclairent. M. Dalmas, dans un ouvrage bien connu des magistrats des parquets, avait complété l'instruction générale du 30 septembre 1826, qui sert de commentaire au décret du 18 juin 1811. Mais, ce livre qui contient,

je me plais à le proclamer, d'excellentes solutions,
a l'inconvénient grave de ne pas dépasser l'année
1847. Celui que j'offre au public me semble, au
contraire, aussi complet que possible. J'ai cher-
ché, par l'introduction de formules nouvelles, à
combler les lacunes qui me paraissaient exister
dans le réglement de 1826 et dont j'avais, avec
regret, plus d'une fois constaté l'absence. Malgré
cela, je suis loin de penser que les règles tracées
par le décret du 18 juin 1811 doivent, à tout
jamais, rester ce qu'elles sont. Les prix de beaucoup de choses se sont élevés et ceux alloués par
le tarif, à titre d'indemnité ou de salaire, ne se
trouvent plus, dans beaucoup de circonstances,
en rapport avec ceux exigés. Il y aurait donc lieu
de faire subir à certaines allocations des modifications qui les mettraient plus en harmonie avec
les nécessités de notre époque et un véritable
esprit de justice. Je ne les signalerai pas aujour-
d'hui. Nos législateurs y songent, et dès que la
situation le leur permettra, ils s'en occuperont
certainement ; mais pour en faciliter l'avénement,
je vais dire un mot des modifications qu'à mes
yeux devrait subir la procédure devant les juridic-
tions criminelles.

Depuis longtemps, les prévenus et les témoins
sont appelés devant les tribunaux, juges d'instruction ou Cours, en vertu de citations délivrées
par les huissiers, articles 72, 145 et suivants, du
Code d'instruction criminelle. Ce procédé coû-
teux pourrait, je crois, être avantageusement

remplacé par des avis transmis aux uns et aux autres par la poste, sous pli chargé, avec la signature et le contre-seing du ministère public. (Argument des décisions de la chancellerie des 30 mai 1826, 29 juillet 1828 et des arrêts. Cassat. 9 juin 1853 et Agen 22 novembre 1854, art. 3, loi du 20 mai 1863.)

Le système des lettres chargées est adopté pour la convocation des créanciers aux ordres amiables et, dans la pratique, il ne donne lieu à aucune difficulté.

Ces avis ou invitations pourraient-être formulés comme il suit :

TRIBUNAL
d

—

AUDIENCE
lu

INVITATION A PRÉVENU.

———

Le Procureur   près le tribunal de   invite le nommé (*nom*, *prénoms*, *profession*, *domicile*), à se présenter le (*jour et quantième*), à (*heure*), à l'audience du tribunal correctionnel séant à   sous prévention d'avoir le 18   , à   (*qualifier le délit*) fait prévu et puni par les articles   du Code pénal.

Faute par lui de comparaître aux jour et heure indiqués, il sera condamné par défaut ou passible d'autres mesures que la loi autorise. — Le présent avis donné dans les délais de l'article 184 du Code d'instruction criminelle sera représenté.

Au parquet à   le

LE PROCUREUR

(*Signature.*)

TRIBUNAL
d
AUDIENCE
du

INVITATION A TÉMOIN.

Le Procureur   près le tribunal de   invite le sieur (*nom, prénoms, profession et domicile*), à se présenter le (*jour, quantième*), à (*heure*), à l'audience du tribunal correctionnel séant à   pour être entendu comme témoin dans l'affaire concernant le nommé (*nom et prénoms*), prévenu de

Faute de répondre au présent avis, il sera condamné en vertu de l'article 80 du code d'instruction criminelle ou exposé à être assigné à ses frais ou passible de toute autre mesure que la loi autorise. Le présent avis sera représenté.

Au parquet à   le

LE PROCUREUR

(*Signature.*)

La taxe serait mise par le président ou le juge au pied de cet avis.

Les témoins appelés à la chambre d'instruction pourraient l'être par le même moyen et ainsi disparaîtraient le timbre et l'enregistrement, le transport et le salaire de l'huissier. Il n'y aurait pas d'inconvénient à ce que devant la cour d'assises les choses se passassent de même. L'acte d'accusation et l'arrêt de renvoi pourraient d'ailleurs être notifiés aux prévenus, par le greffier du tribunal qui a instruit l'affaire, il laisserait copie à la date indicative du jour de la remise, et il n'y aurait à percevoir que des rôles de copie et le timbre. (Argument, circ. 18 mars 1859, § 13.)

Je sais que ma proposition arrive assez mal, puisque des événements déplorables forcent à augmenter les impôts. Si j'y persiste c'est parce que, comme on le verra plus loin, elle n'enlève rien au Trésor. C'est un déplacement de perception plutôt qu'une suppression. Mais, ce déplacement n'est pas sans intérêt pour qui sait qu'en matière fiscale on doit toujours rechercher la perception dont le recouvrement s'opère avec le moins de répugnance ou de résistance.

Dans le système des lettres chargées, suivi en matière d'ordre amiable, le poursuivant fait l'avance des fonds. Dans les affaires criminelles et correctionnelles, l'avance serait faite par l'administration de l'Enregistrement. Le receveur des postes ferait faire par arrondissement et par mois un relevé du nombre des avis expédiés, et sur le certificat de l'officier du parquet qui les aurait inscrits sur le registre tenu en conformité des dispositions de l'article 83 du décret du 18 juin 1811, le montant du mémoire serait payé à l'administration des Postes. Ce ne serait que l'application de l'article 18 de la loi de finances du 5 mai 1855 et de la circulaire du 7 février 1856.

Le droit de poste dans chaque affaire resterait tel qu'il a été déterminé par la loi du 5 mai 1855.

Le déficit causé à l'administration de l'Enregis-

trement et du timbre serait compensé par la surélévation du minimum de certaines pénalités, par
exemple en fixant à 25 francs le *minimum* des
amendes en matière de délit de chasse, et à 16
francs le minimum des amendes en matière de
contraventions appelées à être jugées par la juridiction correctionnelle. La logique exige cette
surélévation, elle veut que celui qui chasse sans
permis et se trouve poursuivi, paie au moins ce
que se trouve dans l'obligation de payer celui qui
veut chasser, ne fût-ce qu'une fois, sans violer la
loi. Le minimum de l'amende ne devrait donc pas
descendre au-dessous de la somme exigée pour la
délivrance du permis de chasse[1]. D'autre part,
dès que des contraventions sont déférées aux tribunaux correctionnels, le minimum de l'amende
afférent à cette juridiction ne devrait jamais être
éludé à l'aide des dispositions de l'article 463 du
Code pénal, article dont on abuse si bien, qu'on
arrive à une répression illusoire. En matière de
contravention de pêche, d'exercice illégal de la
médecine, de roulage, d'usage de timbres-poste
oblitérés, etc. etc., un grand nombre de tribunaux
font descendre l'amende jusqu'à un franc!.... une
pareille pénalité est dérisoire. Aussi, arrive-t-il
que les lois qui punissent ces infractions sont vio-

---

[1] Aujourd'hui 40 francs, autrement il deviendra très profitable de
chasser sans permis, le braconnage recevra une prime, puisque, dans
l'état actuel de la législation (art. 11 et 12 de la loi du 3 mai 1844), l'a-
mende, en cas d'infraction, et les frais de poursuite pourraient ne pas
atteindre le chiffre même de 25 francs!

lées sous les yeux mêmes des agents chargés de les constater. L'élévation du taux des amendes, dans les matières dont je viens de parler, comblerait plus qu'à suffire le déficit causé par les modifications proposées, et enlèverait aux frais de justice une partie de leur impopularité. Une pratique déjà longue m'a permis de me convaincre que les condamnés et leurs familles se gênent volontiers pour payer les amendes, mais les frais exorbitants, quelquefois, qui arrivent à la suite comme un surcroît d'expiation et dépassent le chiffre de la condamnation principale, froissent et sont considérés comme une mesure irritante et vexatoire ; elle soulève contre le fisc et ses agents des récriminations violentes et revêt parfois une apparence d'inhumanité qui affecte tous les esprits. Fréquemment, en matière de délit de chasse, j'ai été sollicité de ne pas donner de citation, un simple avis d'audience suffisait et la mise en pratique de cette méthode a souvent favorisé des aveux. Il faut d'ailleurs observer que dans un grand nombre d'affaires, les frais restent à la charge du Trésor ; ainsi, dans les poursuites ayant pour but la répression des délits de mendicité, de vagabondage, de rupture de ban, de vol aussi, très-souvent, les frais sont payés par l'administration de l'Enregistrement aux officiers ministériels qui en ont fait l'avance ; mais, cette administration ne les recouvre jamais. C'est la consécration de l'adage vulgaire. « *Là où il n'y a rien, l'Etat perd ses droits !* »

Si on adoptait le système que j'indique, ces frais, relativement considérables, seraient, dans les affaires poursuivies par voie de citation directe, diminués à peu près de moitié. La différence en faveur du Trésor serait bien plus grande dans les affaires soumises à l'instruction, à cause des nombreux témoins qui y sont quelquefois entendus et des indemnités de transport allouées aux huissiers chargés d'assigner ces témoins, indemnités qui se multiplient, quand ces derniers ou n'habitent pas la même commune, ou ne sont pas placés sur le même parcours, parce qu'enfin, dans les affaires précédées d'une instruction, les témoins sont forcément entendus deux fois au moins, devant le juge d'abord, à l'audience ensuite.

J'entends, il est vrai, deux objections se formuler ; mais, il est facile d'y répondre. — Vous allez diminuer les émoluments des huissiers, et beaucoup déjà ne sont pas en voie de prospérité. — Quel moyen les tribunaux et les juges d'instruction auront-ils pour reconnaître que le prévenu ou le témoin qui ne se présentera pas a reçu l'invitation du parquet ?

Il faut être plein de bienveillance pour les corporations des officiers ministériels, je suis de cet avis; mais l'intérêt général doit dominer l'intérêt même d'une corporation, et à côté du prévenu, souvent peu intéressant, il faut voir sa famille qui l'est davantage, qui ressent la flétrissure de la condamnation de l'un des siens et qui s'épuise pour l'alléger. La perte imposée à chaque huis-

sier est si minime, au contraire, qu'elle ne saurait
entrer en ligne, pour combattre avec succès ma
proposition. L'état de produit de chaque huissier
de canton subirait, en moyenne, je m'en suis
rendu compte, une diminution annuelle de cent
cinquante francs environ et encore convient-il
pour apprécier le préjudice réel, d'éliminer de ce
chiffre le timbre, l'enregistrement et les frais de
transport sur lesquels aucun bénéfice n'est réali-
sable. Les huissiers audienciers seraient plus lésés; mais on profiterait de cette diminution de
produits pour supprimer quelques charges et par
cette réduction sage du nombre des offices, on
permettrait aux titulaires conservés de trouver
dans l'exercice de leurs fonctions une rémunéra-
tion moins aléatoire pour satisfaire aux conditions d'une existence honnête, digne, exempte de
toute tentative d'exaction , de tout soupçon de
fraude ou de concurrence déloyale.

Les tribunaux et les juges d'instruction auront
la preuve que les prévenus et les témoins auront
reçu l'avis qui les concerne, par la présentation
du registre du parquet établissant le dépôt à la
poste à la date invoquée et par la présentation du
récépissé de ce dépôt, délivré par la poste elle-
même lors de la remise effective. Si les prévenus
ou les témoins ne sont pas à leur domicile, la
lettre chargée sera remise au voisin ou au maire
de la commune, comme a lieu la remise de la copie de l'exploit quand l'huissier n'a pu parler à la
personne, et le registre du facteur, signé de la

partie qui se sera chargée de remettre l'avis, fera foi qu'il est arrivé à destination, comme la copie elle-même de l'exploit.

J'ajoute que pour qui connaît le respect qu'ont encore les justiciables pour les intimations faites par l'autorité, il n'y a pas lieu de concevoir en théorie des difficultés que la pratique ne verra pas naître. Tout témoin qui n'aura pas reçu l'invitation qui lui aura été transmise et qui *l'établira,* car déposer en justice est un devoir, sera relevé de l'amende qui aura pu être prononcée contre lui. Si par hasard il devenait constant qu'un témoin ou un prévenu fît acte de mauvaise volonté, témoin ou prévenu pourrait être assigné à ses frais avant qu'il fût pris contre lui toute autre mesure coercitive ; mais, je répète que cela ne se produira pas, que toutes les fois qu'un prévenu ou un témoin domicilié verra, sur une lettre à lui adressée, le contre-seing d'un magistrat, il s'empressera de répondre à l'appel qui lui sera fait. Ce mode de procéder accélérerait encore l'expédition des affaires, il empêcherait le retard apporté, de temps en temps, à la délivrance des citations, tantôt par suite de l'absence du juge de paix qui reçoit le paquet, tantôt par celle de l'huissier chargé d'instrumenter, et, ce qui est capital, il enlèverait aux frais de justice une partie du lourd fardeau qu'ils font peser sur les condamnés et leurs familles, fardeau pénible pour ceux à qui leurs fonctions font un devoir de poursuivre le recouvrement de ces frais, tant le total leur paraît, quelquefois, hors de proportion avec les ressources de ceux auxquels ils sont chargés de le demander. N'a-t-on pas vu, en effet, à certaines époques des officiers ministériels et des agents de la force publique, n'écoutant que la voix de l'humanité, se cotiser pour arracher au fisc les derniers vestiges d'un misérable mobilier!

L'esprit de modération doit être celui du législateur; le bien politique comme le bien moral se trouve toujours entre deux limites, dit Montesquieu. Les formalités de la justice sont nécessaires, mais il ne faut pas que leur nombre ou leur caractère choque le but de la loi même qui les a établies, et elles le choquent quand elles le dépassent.

Diminuer les frais de justice serait un acte de bonne administration. Ce serait rendre à la répression, qu'ils énervent, un peu de ressort et de fermeté. Les conditions d'une bonne justice distributive exigent que le tribunal de répression, lors de la prononciation de la peine principale, corporelle ou pécuniaire, prenne en considération la somme des frais faits pour arriver à la condamnation; c'est en effet ce qui s'observe dans la pratique. Le juge, pour atténuer le fardeau de cette somme et comme par compensation, abaisse alors le chiffre de la pénalité; mais ce chiffre est parfois si minime, ainsi que je l'ai fait remarquer plus haut, que le but répressif de la loi est manqué. Le public, en effet, ne songe pas à l'accessoire des frais, il ne voit que la peine principale, et quand l'exiguité de celle-ci est telle qu'elle ne l'affecte plus, elle cesse d'être exemplaire. Ces jugements débonnaires portent à ses yeux la condamnation de la loi, par le juge même chargé de l'appliquer, et dans une certaine mesure tout délinquant, en perspective, s'imagine être en droit de compter sur ce juge comme sur un complice !... Ces habitudes sont mauvaises, parce qu'on ne discrédite jamais en vain la loi. C'est pour essayer de corriger de tels abus et leur enlever tout prétexte que je me permets de proposer une procédure nouvelle. Je voudrais voir diminuer les frais de justice à ce point qu'on ne fût, pour ainsi dire, plus dans l'obligation d'exercer des poursuites pour les recouvrer et de manière à permettre à la bonne volonté des condamnés de correspondre à la bienveillance et à la longanimité des agents du pouvoir. Au surplus, la différence entre les voies d'exécution autorisées pour le recouvrement des condamnations principales et celles prescrites pour le recouvrement des frais, fait parfaitement ressortir tout ce que ces derniers avaient d'affligeant au regard du législateur de 1867. Il a laissé subsister l'exercice de la contrainte par corps pour le recouvrement de l'amende et des dommages et intérêts et il l'a proscrit pour le recouvrement des frais, différence logique, car la condamnation principale c'est la peine, c'est l'expiation du délit, tandis que les frais de procédure ne sont qu'un accessoire, qu'un hors-d'œuvre, le solde n'en étant généralement réclamé qu'après la satisfaction principale obtenue, et c'est ce qui permet de dire avec quelque vérité, lorsque l'exécution de la sentence est poursuivie, que pour le premier cas c'est la justice qui s'affirme, tandis que pour le second c'est la rigueur qui s'impose !

E. VERLET.

DIVISION DE L'OUVRAGE

Après les dispositions préliminaires, comprenant les articles 1,
2 et 3, où est faite l'énumération des dépenses comprises sous la
dénomination de Frais de justice criminelle, l'ouvrage est divisé
en quatre titres :

Le TITRE PREMIER intitulé : *Des frais*, contient onze chapitres.

Le Ier traite : — Des frais de translation des prévenus ou accu-
    sés. Du transport des procédures et des objets pouvant ser-
    vir à conviction ou à décharge. Page 19.

Le IIe — Des honoraires et vacations des médecins, chirurgiens,
    sages-femmes, experts et interprètes. Page 48.

Le IIIe — Des indemnités qui peuvent être accordées aux témoins
    et aux jurés. Page 61.

Le IVe — Des frais de garde de scellés et mise en fourrière.
    Page 73.

Le Ve — Des droits d'expédition et autres alloués aux greffiers
    et aux concierges des prisons. Page 77.

Le VIe — Des salaires des huissiers et des frais de capture alloués
    aux gendarmes et autres agents de la force publique.
    Page 108.

Le VIIe — Du transport des magistrats. Page 143.

Le VIIIe — Des frais de voyage et séjour auxquels l'instruction
    des procédures peut donner lieu. Page 152.

Le IXe — Des ports de lettres et paquets. Page 163.

Le Xe — Des frais d'impression. Page 165.

Le XIe — Des frais d'exécution des arrêts. Page 172.

Le **TITRE DEUXIÈME** intitulé : *Des dépenses assimilées à celles de l'instruction des procès criminels*, renferme cinq chapitres.

Le Ier s'occupe : — De l'interdiction d'office. Page 187.

Le IIe — Des poursuites d'office. Page 192.

Le IIIe — De l'inscription hypothécaire requise par le ministère public. Page 195.

Le IVe — Du recouvrement des amendes et des cautionnements. Page 197.

Le Ve — Du transport des greffes. Page 200.

Le **TITRE TROISIÈME** intitulé : *Du paiement et du recouvrement des frais de justice criminelle*, comprend deux chapitres.

Le Ier qui traite : — Du mode de paiement. Page 202.

Le IIe — De la liquidation et du recouvrement des frais. Page 215.

Enfin le **TITRE QUATRIÈME** intitulé : *Des frais de justice devant la haute cour*, et qui ne renferme qu'un chapitre ayant pour énoncé :

De la haute cour. Page 242.

Ce simple exposé suffit pour faire embrasser d'un seul coup d'œil toute la matière traitée ; mais, pour toutes les questions de détail, il faut se reporter à la table générale, placée à la fin du volume.

NOTA. Les modèles d'états ou de mémoires indiqués dans le présent ouvrage et qui n'y figurent pas, se trouvent à la suite du règlement de 1826, lequel existe dans tous les greffes, parquets et tribunaux. L'impression de ces tableaux eût augmenté de beaucoup et inutilement le prix du volume. Quant au règlement de 1826, il est reproduit *en entier* dans le corps de l'ouvrage et complété par les modifications apportées au texte primitif par la législation, la jurisprudence et les décisions de la chancellerie. L'auteur de l'*Etude sur les Frais de justice criminelle* ne s'est livré à aucune appréciation fantaisiste. Toute opinion par lui émise est corroborée par un texte ou une autorité.

DISPOSITIONS PRÉLIMINAIRES

ARTICLE PREMIER.

L'administration de l'Enregistrement continuera de faire l'avance des frais de justice criminelle, pour les actes et procédures qui seront ordonnés d'office ou à la requête du ministère public; sauf à poursuivre, ainsi que de droit, le recouvrement de ceux des dits frais qui ne sont point à la charge de l'État : le tout dans la forme et selon les règles établies par le présent décret.

Les frais de justice dans les procès suivis à la requête et dans l'intérêt des administrations publiques dépendantes du ministère des finances, ainsi que les frais des procédures instruites pour crimes et délits commis dans les bois des communes, hospices et autres établissements qui concernent l'administration des Eaux et Forêts (les eaux font aujourd'hui partie de l'administration des Ponts et Chaussées).

doivent être avancés, pour le compte de ces administrations ou établissements, par les préposés de la régie de l'enregistrement et des domaines qui, pour s'en faire rembourser le montant, tiennent un compte ouvert avec chacun de ces établissements ou administrations.

A l'égard des frais de procédures instruites à la requête de l'administration des contributions indirectes, en matière criminelle et correctionnelle, ils doivent être avancés par ses préposés.

Cependant ces administrations et établissements publics ne sont point tenus des frais de poursuites dans les affaires qui peuvent donner lieu à des peines afflictives ou infamantes, parce que ces poursuites ont pour objet la répression des crimes qui intéressent essentiellement l'ordre public, quels que soient les intérêts particuliers qui se trouvent lésés. Ainsi les frais de cette nature sont avancés pour le compte du ministère de la justice. (Circ. 15 juin 1809, 6 octobre 1812, 3 septembre 1822, 3 mai 1825 et art. 4 de l'ordonnance du 22 mai 1816.)

Les receveurs de l'Enregistrement sont tenus de faire l'avance des frais de procédures militaires, tels que frais de citation et indemnités des témoins entendus, soit devant les conseils de guerre, soit devant les juges d'instruction, en vertu de commissions rogatoires émanées de l'autorité militaire, sauf à l'intendant ou au sous-intendant à délivrer un mandat de paiement. Dans les cas d'audition de témoins devant les conseils de guerre, les taxes des témoins doivent être ordonnancées par l'autorité militaire. Lorsque par suite de commissions rogatoires, les témoins sont entendus par les juges d'instruction, les frais doivent être ordonnancés conformément au décret du 18 juin 1811. — Toutes les fois que les juges d'instruction agissent par délégation militaire, ils doivent se servir des gendarmes pour porter

les assignations et s'abstenir d'employer les huissiers. (Loi
3 pluviose, an XI, titre 10, art. 20. — Circ. 19 juillet
1831.)

ARTICLE 2.

Sont compris sous la dénomination de frais de
justice criminelle, sans distinction des frais d'instruction et de poursuite en matière de police
correctionnelle et de simple police,

1° Les frais de translation des prévenus ou
accusés ; de transport des procédures et des objets
pouvant servir à conviction ou à décharge ;

Tous ces frais sont recouvrables sur le condamné ou sur
la partie civile quand il y en a une en cause.

Ainsi, le transport des prévenus, détenus, hors du lieu
où ils doivent être jugés , étant indispensable pour
compléter l'instruction ou parvenir au jugement, les frais
occasionnés par ce transport doivent être rangés dans la
classe des frais d'instruction, et acquittés comme tels, c'est-
à-dire, qu'ils doivent être avancés par la partie civile, sauf
son recours de droit contre le condamné. (Décision du 20
mai 1823 et de Dalmas, page 3.)

Les frais de translation, même par voie extraordinaire,
d'un condamné qui s'est évadé de la prison où il était détenu et qui doit être conduit devant la cour ou le tribunal
qui l'a jugé pour être procédé à la reconnaissance de l'identité, doivent, si cette identité est en effet reconnue, être
recouvrés sur le condamné. (Décision du 10 février 1824.)
Il doit en être de même pour les frais de translation des
condamnés qui sont extraits des bagnes ou des maisons

centrales de détention et conduits devant les tribunaux, soit pour y déposer comme témoins, soit pour y subir un nouveau jugement. (Décision du 17 juin 1829.)

En pareil cas, les condamnés rentrent dans la classe des prévenus ou accusés, ou dans celle des témoins, et les dépenses que peut entraîner leur déplacement font, par conséquent, partie des frais d'instruction. (De Dalmas, page 4.)

2° Les frais d'extradition de prévenus, accusés ou condamnés ;

On doit assimiler à ces frais les salaires des huissiers étrangers pour la citation des témoins, également étrangers. (Décision du 10 septembre 1822 ; de Dalmas, page 5.)

3° Les honoraires et vacations des médecins, chirurgiens, sages-femmes, experts et interprètes;

Ces frais, faisant partie des frais d'instruction , sont évidemment recouvrables sur la partie civile et sur le condamné.

4° Les indemnités qui peuvent être accordées aux témoins et aux jurés ;

Les indemnités des témoins font également partie des frais d'instruction ; elles ne doivent, dès-lors, rester à la charge de l'État qu'autant qu'il y a eu acquittement et qu'il n'y avait pas de partie civile en cause. Mais il en est différemment des indemnités des jurés qui ne peuvent, ni ne doivent être mises à la charge des parties privées. C'est ce qui a été décidé explicitement par l'article 162 du décret du 18 juin 1811. (De Dalmas, page 5.)

5° Les frais de garde de scellés et ceux de mise en fourrière ;

Pas de difficulté.

6° Les droits d'expédition et autres alloués aux greffiers ;

Il faut observer toutefois que l'expédition des procès-verbaux, constatant le délit, et des déclarations écrites des témoins, devant être délivrée gratuitement aux accusés (article 305, C. Inst. crim.), le coût de cette expédition ne peut être compris dans les frais à recouvrer sur le condamné ou la partie civile. (Dalmas, page 6.)

7° Le salaire des huissiers ;

Excepté ceux qui leur sont dus pour la notification de la liste des jurés, conformément aux articles 389 et 394 C. Inst. crim. Dans l'usage, les Préfets, car les jurés sont cités à la requête et à la diligence des Préfets, emploient à ce service des gendarmes qui sont chargés de le faire gratuitement. (Article 108, Décret du 1er mars 1854.)

8° L'indemnité accordée aux officiers de justice dans les cas de transport sur le lieu du crime ou du délit ;

Ces transports ont pour objet des actes d'instruction et

les indemnités accordées ne doivent être supportées par l'État qu'en cas d'acquittement et quand il n'y a pas de partie civile.

9° Les frais de voyage et de séjour accordés aux conseillers des Cours impériales pour compléter le nombre des juges d'une Cour d'assises, ainsi qu'aux officiers du ministère public, autres néanmoins que les substituts en service près les Cours d'assises hors du chef-lieu, à l'égard desquels il a été statué par l'article 10 du décret du 30 janvier 1811 ;

Ces frais restent, dans tous les cas, à la charge de l'État.

Le procureur général qui se déplace doit, comme les conseillers délégués, recevoir l'indemnité fixée par l'article 19 du décret du 30 janvier 1811, quinze francs par chaque jour qu'il passe hors de sa résidence. Il en est de même du substitut. Les procureurs criminels ont été supprimés par la loi du 25 décembre 1815.

Un procureur général ne peut, d'après M. de Dalmas, porter la parole devant les tribunaux correctionnels de son ressort. (Tome. II, page 4. — Voir article 88.)

10° Les frais de voyage et de séjour auxquels l'instruction des procédures peut donner lieu.

Ils font partie de ceux d'instruction.

11° Les ports de lettres et paquets pour l'instruction criminelle ;

Contrairement à ce paragraphe, l'article 18 de la loi des

finances du 5 mai 1855 porte que les condamnés paieront les ports de lettres et paquets, nécessités par les poursuites dont ils sont l'objet. Les greffiers des cours et tribunaux doivent donc comprendre très-exactement, à l'avenir, les frais dont il s'agit dans l'état de liquidation prescrit par l'article 164 du décret du 18 juin 1811. (Circ., 4 août 1855.)

Lorsque les frais de poste n'ont pas été compris dans l'état de liquidation, joint aux pièces de la procédure, ou n'ont pas été liquidés par le jugement, on doit, par application de l'article 163, en faire l'objet d'un exécutoire supplémentaire. (Circ., 7 février 1856.)

Loi du 5 mai 1855 :

Article 18. — Le port des lettres et paquets compris par le paragraphe 11 de l'article 2 du décret du 18 juin 1811, dans les frais de justice criminelle, sera perçu, après chaque jugement définitif, suivant le tarif ci-après :

Affaires de simple police	portées directement à l'audience..	‟ᶠ 20
	jugées en appel............	1 ‟
	portées à l'audience ap. instruction	1 20
	jugées sur appel..........	2 60
	jugées en cassation........,	6 40
Affaires correctionnelles.	portées directement à l'audience..	2ᶠ ‟
	jugées en appel..........	4 40
	portées à l'audience ap. instruction	3 ‟
	jugées en appel..........	5 20
	jugées en cassation........	9 60
Affaires criminelles.	devant la haute cour.......	25 ‟
	devant la cour d'assises.....	25 ‟
	en cassation...........	16 ‟

Ces frais seront recouvrés par les receveurs de l'Enregistrement pour le compte de l'administration des postes.

12° Les frais d'impression des arrêts, jugements et ordonnances de justice ;

L'article 104 désigne les seuls frais d'impression qui sont, de plein droit, à la charge des fonds généraux des frais de justice.

Il en est d'autres qui doivent être payés également sur les mêmes fonds, mais seulement d'après une autorisation de M. le Garde des sceaux. Par exemple, les frais d'impression des instructions que les procureurs généraux ou impériaux sont dans le cas d'adresser à leurs subordonnés.

Les frais d'impression de l'acte d'accusation, dans les affaires graves où il se trouve un grand nombre d'accusés ; c'est un moyen d'éviter des frais de copie.

Dans tous ces cas et ceux semblables, il doit être fait mention dans les mémoires de l'autorisation accordée par le Ministre. (Dalmas, page 10.)

13° Les frais d'exécution des jugements criminels et les gages des exécuteurs ;

D'après l'article 162, toutes les dépenses dont il est question dans ce numéro sont, dans tous les cas, et sans aucun recours, à la charge de l'État.

14° Les dépenses assimilées à celles de l'instruction des procès criminels qui résulteront, savoir :

Des procédures d'office pour l'interdiction,

Des poursuites d'office en matière civile,

Des inscriptions hypothécaires requises par le ministère public,

Du transport des greffiers ;

Il résulte des articles 117 et suivants du présent réglement, que toutes les dépenses dont il est question dans ce numéro sont recouvrables, à l'exception des frais de transport des greffes qui doivent, évidemment, rester à la charge du ministère de la justice.

On doit assimiler aux dépenses de l'instruction criminelle et payer sur les fonds généraux des frais de justice, les frais résultant de l'exercice sur un père indigent du droit que lui confèrent les articles 376 et 377 du Code Napoléon, de faire enfermer ses enfants mineurs par mesure de correction. Mais il faut une autorisation spéciale du Ministre et conformément à l'article 120, il ne doit être payé d'autres frais que les salaires de l'huissier qui, dans son mémoire, doit faire mention de l'autorisation accordée. (Décision ministérielle, 26 septembre 1818. — Nous pensons qu'aujourd'hui le père indigent pourrait, pour le cas qui précède, recourir simplement à l'assistance judiciaire. Loi du 22 janvier 1851.)

Il en est de même des dépenses occasionnées pour la réhabilitation des condamnés, hors d'état de remplir à leurs frais les conditions imposées par la loi, notamment la levée de l'arrêt de condamnation. (Article 621 du Code d'Inst. criminelle) et l'insertion de la notice de la demande dans deux journaux. (Article 625 du même Code.) Mais il faut l'autorisation du Ministre. (Dalmas, page 10, t. II.)

Il faut encore ajouter, par une conséquence nécessaire du dernier paragraphe de l'article 3, toutes celles qui ont pour objet la recherche, la poursuite et la punition des crimes, délits ou contraventions, de la compétence des cours impériales, des cours d'assises et des tribunaux correctionnels et de simple police. Dans ces dépenses rentrent toutes celles que l'article 136 désigne comme frais extraordinaires de justice.

Les frais de capture, aussi met-on à la charge du condamné, à l'emprisonnement, les frais de capture de sa personne, lors même qu'il n'a été arrêté qu'après le jugement. (Décision du 11 décembre 1821.)

Il en serait de même du cas où le condamné en matière criminelle viendrait à s'évader, entre le moment où l'arrêt a été rendu et celui où il doit être exécuté. (Dalmas, page 13.)

Il en est autrement des frais de capture d'un failli, arrêté en vertu d'un jugement du tribunal de commerce, rendu conformément à l'article 455 du Code de Commerce, alors même qu'il s'élève contre le failli des présomptions de banqueroute frauduleuse. Ces frais ne peuvent être imputés sur les fonds généraux des frais de justice criminelle. (Décision du 1er août 1826.) Le jugement du tribunal de commerce ne peut que le faire déposer dans la maison pour dettes, s'il s'élève des charges graves contre lui, il faut requérir mandat d'arrêt ; jusque là l'arrestation n'est faite que dans l'intérêt de la masse. (Dalmas, page 14.)

ARTICLE 3.

Ne sont point compris sous la dénomination de frais de justice criminelle :

1° Les honoraires des conseils ou défenseurs des accusés, même de ceux qui sont nommés d'office, non plus que les droits et honoraires des avoués, dans le cas ou leur ministère serait employé ;

L'article 185 du Code d'Instruction criminelle autorise, dans certains cas. le prévenu à se faire représenter par un avoué devant le tribunal de police correctionnelle, mais ni le prévenu ni la partie civile ne sont obligés d'employer le ministère des avoués. (Cass , 17 février 1826.)

Les honoraires des défenseurs et avoués ne sont point considérés comme frais de justice criminelle, et, par conséquent, ils ne doivent jamais être mis à la charge du Trésor, ni des administrations publiques qui poursuivent, dans l'intérêt de l'État, des contraventions ou délits, quoiqu'elles soient, sous d'autres rapports, assimilées aux parties civiles (Cass., 31 janvier 1833, 7 avril 1837) ; à moins que ces administrations n'emploient elles-mêmes le ministère des avoués. Le motif de cette exception est que ces administrations ne sont pas obligées de se servir de ces officiers ministériels, et que le ministère public est chargé, concurremment avec leurs agents, de diriger les poursuites.

Relativement aux demandes, afin de réparations civiles, qui sont formées réciproquement par la partie plaignante ou intervenante et par le prévenu, les tribunaux correctionnels peuvent, comme en matière civile, compenser les dépens ou les adjuger en tout ou en partie, et y comprendre les honoraires des avoués ; sauf à en faire la distraction dans l'état de la liquidation des frais de justice proprement dits.

Quand les parties qui ont employé des avocats ou avoués ne s'accordent pas avec ceux-ci sur le taux des honoraires qui leur sont dus, quand il n'est alloué que les dépens pour tous dommages-intérêts et autres cas semblables, les tribunaux sont dans la nécessité de régler les honoraires et de fixer les taxes, conformément au tarif du 16 février 1807, et de suivre les règles et les distinctions établies par le

Code de procédure civile pour les matières sommaires. (Décision, 29 mars 1822.)

Dans la taxe des dépens adjugés à la partie qui a eu gain de cause, on doit comprendre pour l'avoué un droit d'obtention de jugement (article 67 du Réglement de 1807), et les frais de voyages , réclamés par la partie , peuvent être également alloués. (Décision du 21 mai 1822.)

Les honoraires de l'avoué, quand l'affaire est portée devant la cour d'appel, peuvent être doublés. (Article 147, même réglement ; décision des 13 octobre et 8 novembre 1825.)

Voir en sens contraire. (Cass., 29 juillet 1851 ; Angers, 10 avril 1843, Dalloz, répertoire, voir frais et dépens, nº 1091 et voir avoué, nº 189.)

2º Les indemnités des militaires en activité de service appelés en témoignage devant quelques juges ou tribunaux que ce soit, et ce, conformément à l'article 69 de la loi du 28 germinal an VI et à l'arrêté du gouvernement du 22 messidor an V:

La première des dispositions citées règle le supplément de solde que les sous-officiers et soldats, qui sont dans le cas de découcher, doivent recevoir par nuit.

La seconde fixe l'indemnité de route qui doit être allouée aux officiers de tous grades qui voyagent isolément.

Ce paragraphe comprend aussi bien les marins que les militaires de l'armée de terre.

Tous officiers militaires ou civils des différents corps de la marine, officiers de santé, marins, soldats, appelés en témoignage devant les cours d'assises ou les tribunaux correctionnels, seront payés de leurs frais de transport et de séjour par le ministère de la marine, suivant les règles et tarifs en vigueur pour son propre service. (Décis. min. 9 juillet 1841.) Il faut recourir pour déterminer ces indemnités à l'arrêté du gouvernement du 29 pluviose an IX. (18 février 1801.)

3° Les frais d'apposition des affiches d'arrêts, jugements ou ordonnances de justice, lesquels continueront à être payés par les communes, ainsi qu'il résulte des articles 9 et 10 de l'arrêté du Gouvernement du 27 brumaire an VI ;

Il faut en excepter toutefois les frais d'apposition des affiches des jugements, dont l'impression est à la charge des condamnés ; par exemple, l'affiche des jugements en matière de fraude commerciale. (Article 6 de la loi du 27 mars 1851 ; circul., 4 juin 1857.)

« Le tribunal pourra, dit cet article, ordonner l'affiche
« du jugement dans les lieux qu'il désignera, et son inser-
« tion intégrale ou par extrait dans tous les journaux qu'il
« désignera, *le tout aux frais du condamné.* »

4° Les frais d'inhumation des condamnés et de tous cadavres trouvés sur la voie publique et dans quelque autre lieu que ce soit, lesquels sont également à la charge des communes, aux termes de l'article 26 du décret du 23 prairial an XII, lors toutefois que les cadavres ne sont pas réclamés par les familles, et sauf le recours des communes contre les héritiers.

Il en serait autrement de l'exhumation ordonnée par

l'autorité judiciaire comme elle a lieu pour l'instruction d'une procédure, il est évident que la dépense qu'elle nécessite fait partie des frais de justice, et qu'elle est recouvrable sur la partie civile ou le condamné.

5° Les frais de translation des condamnés dans les bagnes, dans les maisons centrales de correction, etc., lesquels continueront d'être à la charge du ministère de l'Intérieur, conformément à l'avis du Conseil d'Etat du 10 janvier 1807, approuvé le 16 février suivant ;

Il en est de même des frais de visite des condamnés dont l'état nécessite le transport par voie extraordinaire.

6° Les frais de conduite des mendiants et vagabonds qui ne sont point traduits devant les tribunaux, lesquels continueront d'être à la charge du ministère de l'Intérieur, conformément à l'avis du Conseil d'État du 1ᵉʳ décembre 1807, approuvé le 11 janvier 1808 ;

7° Les frais de translation de tous individus arrêtés par mesure de haute police, lesquels continueront d'être payés par le ministère de la police, conformément au même avis ;

Le ministère de la police étant supprimé (article 2 de l'Ordonnance du 29 décembre 1818), c'est le ministère de l'Intérieur qui se trouve chargé de cette dépense.

8° Les frais de translation de tous condamnés évadés du lieu de leur détention continueront à être supportés par les ministères de la Guerre, de la Marine et de l'Intérieur, chacun en ce qui le concerne ;

Si l'évasion donne lieu à des poursuites correctionnelles contre les individus évadés, comme par exemple dans le cas d'évasion par bris de prison ou de violence, (article 245 du Code pénal) ou s'il est nécessaire de faire reconnaître leur identité, les frais qui en résultent restent à la charge du ministère de la justice, ils rentrent dans la classe de ceux compris au n° 1er de l'article 2. (Décision ministérielle du 10 février 1824.) Mais l'identité, une fois reconnue, les frais de translation ne concernent plus le ministère de la justice.

9° Les dépenses des prisons, maison de correction, maison de dépôt, d'arrêt et de justice, lesquelles resteront à la charge du ministère de l'Intérieur, en vertu de la loi du 10 vendémiaire an IV, et de l'arrêté du Gouvernement du 23 brumaire an IV ;

10° Les frais de translation des déserteurs, des armées de terre et de mer, qui sont à la charge des ministères de la Guerre et de la Marine ;

11° Les dépenses occasionnées par les poursuites intentées devant les tribunaux militaires ou maritimes, et les frais de procédures qui ont lieu devant les tribunaux ordinaires contre les conscrits réfractaires et les déserteurs, lesquels sont également à la charge des ministères de la Guerre et de la Marine, conformément aux articles 8 et 9 du décret du 8 juillet 1806 ;

La conscription ayant été abolie, le décret de 1806 ne peut plus recevoir d'exécution, il s'en suit que les frais des poursuites relatives aux faits contraires au recrutement qui ne sont pas de la compétence des tribunaux militaires doivent être acquittés comme ceux des affaires portées devant les tribunaux ordinaires. (Voir le Code militaire du 9 juin 1857.)

Les autres dépenses sont acquittées sur les crédits de la Guerre et de la Marine. Et lors même que les agents judiciaires de ces deux départements doivent faire des actes d'information relatifs à des procédures instruites par les tribunaux ordinaires, ces actes ne peuvent donner lieu à des allocations sur le budget du ministère de la justice. Notamment les commissions rogatoires qui seraient adressées à un rapporteur près d'un conseil de guerre, en vertu de la loi du 18 prairial an X. C'est le cas d'appliquer l'article 63 du décret de 1811, et le directeur de l'Enregistrement si une taxe, en pareil cas, lui était présentée, devrait refuser son visa en se basant sur les termes combinés de l'article 1er et de l'article 152, § 2, du décret précité.

Pour éviter toute difficulté, M. le Garde des sceaux recommande d'adresser les commissions rogatoires aux juges d'instruction de l'arrondissement où les militaires sont en garnison plutôt qu'au rapporteur. (Dalmas, 1847, p. 14 et suiv.)

12° Toutes autres dépenses, de quelque nature qu'elles soient, qui n'ont pas pour objet la recherche, la poursuite et la punition des crimes, délits ou contraventions de la compétence soit de la haute Cour, soit des Cours impériales, des Cours d'assises, soit des tribunaux correctionnels ou de simple police, sauf les exceptions énoncées dans le titre 11 du présent décret.

Quand il est notoire qu'un homme vient de se noyer, les honoraires dus au médecin requis par le maire, soit pour donner des soins, soit, en cas de mort, pour procéder aux constatations d'usage, ne peuvent être payés par le ministère de la justice. Le médecin doit s'adresser, pour obtenir le paiement, soit à la famille du noyé, soit à la commune. (Décisions ministérielles des 20 février 1847 et 4 mars 1851.)

Les frais de justice faits en exécution de la loi du 28 mai 1836, dans les échelles du Levant et de la Barbarie, doivent être payés, d'après M. Dalmas, sur les fonds du ministère des affaires étrangères, pour ceux faits à l'étranger, et sur les fonds du ministère de la justice, pour ceux faits en France dans les mêmes affaires. Il puise son analogie de décision dans ce qui se passe en matière d'extradition. La plupart des conventions passées avec les puissances étrangères pour cet objet, portent, en effet, que les frais d'arrestation et de conduite aux frontières des individus extradés, resteront à la charge du pays qui accordera l'extradition. Chacune des procédures doit toujours contenir une note certifiée, indiquant les dépenses faites, ainsi que la cause et la nature de ces dépenses, afin qu'entrant dans la liquidation générale, elles puissent être recouvrées sur la partie condamnée.

(Voir le dernier paragraphe du commentaire du n° 14 de l'article 2.)

TITRE PREMIER

TARIF DES FRAIS

CHAPITRE PREMIER

Des frais de translation des prévenus ou accusés, de transport des procédures et des objets pouvant servir à conviction et à décharge.

ARTICLE 4.

Les prévenus ou accusés seront conduits à pied par la gendarmerie, de brigade en brigade ; néanmoins ils pourront, si des circonstances extraordinaires l'exigent, être transférés soit en voiture, soit à cheval, sur les réquisitions motivées de nos officiers de justice.

Les réquisitions seront rapportées en original ou par copies dûment certifiées par les officiers qui donneront les ordres, à l'appui de chaque état ou mémoire de frais à fournir par ceux qui auront fait le transport.

L'ordonnance du 2 mars 1845 avait, contrairement à l'article ci-contre, fait du transport en voiture la règle, et du transport à pied l'exception. Le décret du 1er mars, article 385, prescrit de revenir au mode indiqué par le décret de 1811 ; ainsi, sauf les cas exceptionnels, les prévenus et accusés doivent être, désormais, transférés *à pied*, de brigade en brigade, ou par la voie du chemin de fer, dans les cas prévus par la circulaire du 30 juin 1855, c'est-à-dire toutes les fois qu'un ou deux prévenus partiront d'un chef-lieu de département ou d'arrondissement pour être transférés devant l'autorité judiciaire d'un autre chef-lieu existant sur la même ligne. (Circulaire, 5 mars 1856.)

La translation par voie extraordinaire est celle, fait remarquer M. Dalmas, qui a lieu quand des motifs de sûreté, de célérité ou de santé s'opposent à ce que les prévenus ou accusés soient conduits à pied, c'est aux magistrats qu'il appartient d'apprécier et de décider, sous leur propre responsabilité, dans quel cas la translation extraordinaire doit avoir lieu. Quand elle est effectuée pour toute autre cause que la santé des prévenus ou accusés, il suffit, pour justifier le mémoire de frais présenté à ce sujet, de produire à l'appui la réquisition du ministère public, tandis qu'il faut y joindre, en outre, un certificat de médecin, comme nous le verrons dans l'article suivant, lorsque le transport extraordinaire est ordonné, soit d'office, soit à la demande des détenus qui se trouvent dans l'impossibilité d'entreprendre ou de continuer le voyage à pied. (Décision ministérielle, 22 mars 1826.)

ARTICLE 5.

Lorsque la translation par voie extraordinaire sera ordonnée d'office ou demandée par le prévenu ou accusé, à cause de l'impossibilité où il se trouverait de faire ou de continuer le voyage à pied, cette impossibilité sera constatée par certificat de médecin ou de chirurgien.

Ce certificat sera mentionné dans la réquisition et y demeurera joint.

Quand dans les cas prévus par cet article et par le précédent, la translation du même individu doit être effectuée par plusieurs convoyeurs, chacun d'eux, excepté le dernier, doit conserver copie de l'ordre de translation, ainsi que du certificat qui l'a motivé, pour le joindre à l'appui de son mémoire. Cette copie doit être certifiée par le maire du lieu de l'arrivée, qui doit, en même temps, faire mention du *vu arriver*. Quant au dernier préposé, ce sont les *originaux* mêmes de l'ordre de translation et du certificat, qu'il doit joindre à son mémoire, après avoir fait mettre sur l'ordre le *vu arriver* par le concierge de la maison de justice ou d'arrêt dans laquelle il a conduit le prisonnier. (Circ., 27 décembre 1861.)

Lorsqu'il n'y a pas de médecin sur les lieux pour attester l'impossibilité de voyager à pied, l'officier municipal ou le commandant de la gendarmerie donne une attestation explicative de la cause nécessitant le transport en voiture, et cette attestation doit être insérée dans la réquisition remise au convoyeur. (Circulaire, 17 août 1860.) Le médecin qui délivre ce certificat a droit à des honoraires. (Décis. minist., 6 août 1832.) C'est pour cela qu'il convient de ne pas multiplier ces certificats.

Si les réquisitions et les certificats, exigés par les articles 4 et 5, n'étaient pas joints au mémoire, la dépense ne serait point admise, et le mémoire serait rejeté des comptes.

Les mémoires doivent être dressés conformément au modèle n° 1.

ARTICLE 6.

Dans le cas d'exception ci-dessus, la translation des prévenus ou accusés sera faite par les entrepreneurs généraux des transports et convois militaires et aux prix de leur marché.

Dans les localités où le service des transports militaires ne sera point organisé, les réquisitions seront adressées aux officiers municipaux, qui y pourvoieront par les moyens ordinaires, et aux prix les plus modérés.

En exécution de cet article 6, un arrêté ministériel du 30 juin 1855 avait réglé les clauses et conditions auxquelles le sieur Bourlon, entrepreneur des convois civils, effectuerait le transport des prévenus et accusés. Quoique ce marché soit aujourd'hui périmé, nous le donnerons en entier, afin que les clauses qu'il renferme puissent servir de modèles aux marchés particuliers que les procureurs impériaux sont appelés à passer avec des convoyeurs, pour le service de leurs arrondissements respectifs, et encore parce qu'il contient des modèles de réquisition qu'il est bon de connaître :

Article 1er. — Dans l'étendue de l'empire, la translation des prévenus et accusés civils, et s'il y a lieu, le transport des objets pouvant servir à conviction ou à décharge, continueront d'être effectués par le sieur Bourlon, à partir du 1er juillet 1855 jusqu'au 30 juin 1861, aux prix indiqués ci-après, savoir :

La voiture à un collier 29ᶜ

    Id.   à deux colliers 39

Le cheval de trait (pour la voiture

    cellulaire). 36

Le cheval de bât. 6 6

par kilomètre.

Art. 2. — Les translations par voitures à colliers et celles avec chevaux de bât, s'exécuteront d'un lieu de logement militaire ou gîte d'étape à un autre avec lequel il correspond sur la route à parcourir et quelle que soit la distance (art. 4 du marché) et la dépense, en ce qui concerne les voitures, sera réglée sur une moyenne de 28 kilomètres.

La voiture à un collier contiendra de un à quatre individus, et celle à deux colliers, de cinq à sept. (Art. 12.)

Art. 3. — Les fournitures faites d'un gîte d'étape sur une commune qui ne serait pas gîte d'étape, et vice versâ, seront payées à l'entrepreneur à raison également d'une distance moyenne de 28 kilomètres.

Art. 4. — Au moyen des prix dont il s'agit, le sieur Bourlon sera tenu de payer les fournitures de gré à gré aux particuliers qui les auront faites. (Art. 18 du marché.)

Dans aucun cas et pour aucune fourniture, il ne pourra réclamer aucune indemnité en sus des dits prix.

Art. 5. — Si le service se trouvait interrompu pendant la durée du traité, il y sera pourvu par des marchés d'urgence ou de telle autre manière que les autorités locales jugeront convenable.

Le sieur Bourlon sera tenu de payer les fournitures soit au prix des marchés d'urgence, soit aux prix qui seront fixés par lesdites autorités.

Il sera tenu aussi de rembourser tout paiement qui aurait été fait pour cet objet par ces mêmes autorités. (Art. 31 du marché.)

Art. 6. — Lorsque la translation du même individu aura

lieu par un seul préposé, ce préposé devra joindre à l'appui de son mémoire la réquisition de l'officier de justice rédigée conformément au modèle ci-joint n° 1, et au bas de laquelle sera apposé un *vu arriver* par le concierge de la maison d'arrêt dans laquelle le prévenu ou l'accusé aura été conduit.

Lorsque la translation sera effectuée successivement par plusieurs préposés, la réquisition de l'officier de justice, remise à la gendarmerie chargée de la conduite, sera communiquée par les gendarmes aux officiers municipaux qui doivent faire fournir les moyens de transport. L'ordre de fourniture, conforme au modèle n° 2, sera délivré en vertu de ladite réquisition ; cet ordre rappellera non seulement la prévention, mais encore devant quelle autorité la personne transférée est traduite, et au bas il sera apposé un *vu arriver* par le maire ou l'adjoint du lieu de l'arrivée. Chacun des préposés produira, à l'appui de son mémoire, ledit ordre de fourniture. Le dernier préposé produira, outre un pareil ordre de fourniture, la réquisition qui lui sera laissée par les gendarmes. Au bas de cette réquisition, devra être apposé le *vu arriver* du concierge de la prison.

Art. 7. — Les bordereaux par département que fournira le sieur Bourlon, seront taxés article par article, comme tous les autres mémoires de frais de justice, et ils seront revêtus du réquisitoire de l'officier du ministère public et de l'exécutoire du juge, sans indication de bureau de paiement.

Afin d'éviter des retards dans ces paiements centralisés à Paris, d'après le cahier des charges, les magistrats procèderont à l'examen de la taxe dans le plus bref délai.

Art. 8. — Les formalités de la taxe et de l'exécutoire seront remplies sans frais. (Art. 140, décret du 18 juin 1811.)

Art. 9. — Lorsqu'il y aura emploi de voitures cellulaires établies par l'administration, les autorités judiciaires pourront requérir l'entrepreneur des convois militaires de fournir des chevaux de trait pour être attelés à ces voitures, avec obligation imposée à l'entrepreneur d'opérer la translation au trot (en plaine), et, au besoin, de nuit comme de jour et sans interruption. (Art. 9 du marché.)

Art. 10. — Il sera fait usage des chemins de fer quand le point de départ et celui de l'arrivée seront soit un chef-lieu de département, soit un chef-lieu d'arrondissement, et qu'ils se trouveront l'un et l'autre sur la ligne du même chemin.

Dans ce cas, deux réquisitions, délivrées simultanément, seront adressées, l'une au commandant de la gendarmerie, l'autre à l'agent départemental ou au préposé d'arrondissement. Ces réquisitions seront rédigées dans la forme des modèles n°s 3 et 4.

La dépense relative à la translation des prévenus sera payée au sieur Bourlon à raison de 6^c 6^m par kilomètre et par personne, et elle sera comprise dans les bordereaux de cet entrepreneur. Celle concernant la locomotion des gendarmes d'escorte, réglée suivant le tarif des chemins de fer avec la diminution concédée en faveur des militaires, sera remboursée aux gendarmes, quand ils en auront fait l'avance, sur la production d'un mémoire appuyé de la réquisition qui leur sera remise.

Quand les gendarmes ne pourront faire l'avance, il leur sera délivré un mandat conforme au modèle n° 5.

Art. 11. — Toutes les fournitures ayant pour objet la translation et la conduite des condamnés, des mendiants et des vagabonds, non traduits devant les tribunaux, de tous individus arrêtés par mesure de haute police et enfin de tous condamnés évadés du lieu de leur détention, ne peuvent, d'après les dispositions des n°s 5, 6, 7 et 8 de l'article 3 du réglement du 18 juin 1811, être payées sur les fonds du ministère de la justice.

Ce bordereau général, portant décompte et certifié par l'entrepreneur, sera remis au ministère de la justice avec un autre bordereau spécial par département fourni en double expédition et appuyé des réquisitions et ordres de fourniture.

Il sera procédé à la vérification des pièces au ministère de la justice, et il sera délivré à l'entrepreneur une ordonnance de paiement du montant de la dépense reconnue régulière.

Les dépenses rejetées pour irrégularités, soit par les magistrats qui auront procédé à un examen préalable, soit par le ministère de la justice, pourront être reproduites lorsque les pièces auront été régularisées.

Art. 13. — Les fournitures qui n'auraient pas été comprises dans les bordereaux établis pour les mois durant lesquels elles auraient été effectuées pourront être comprises dans les bordereaux du mois suivant. (Art. 21 du marché.)

Sera frappée de déchéance toute fourniture dont les pièces justificatives n'auront pas été produites avant l'expiration du troisième mois qui suivra le trimestre pendant lequel elle aura été effectuée. (Art. 23 du marché. — Arrêté 30 juin 1855.)

MODÈLE N° 1er.

—

RÉQUISITION A DÉLIVRER PAR LES OFFICIERS DE JUSTICE.

—

Nous,   près la cour ou le tribunal
de   ou juge de paix du canton
de   requérons M. le Commandant
de la gendarmerie de   de faire
transférer de brigade en brigade le nommé
prévenu de   qui doit être conduit
de cette ville en celle de   pour paraître
soit devant M. le Procureur général près la cour de
soit devant M. le Procureur impérial près le tribunal de
soit devant M. le juge d'instruction près le tribunal de
soit devant la cour d'assises de
soit devant le tribunal de
ou condamné, qui doit être conduit de cette ville en celle
de   pour comparaître
soit comme appelant d'un jugement;   ⎫
soit comme témoin;   ⎬ devant la cour
soit comme prévenu d'un nouveau crime   ⎟ ou le tribunal
    ou délit   ⎭ de

A   le   18 .

NOTA : *Cette réquisition doit être délivrée toutes les fois
qu'il y a lieu à translation.*

—

MODÈLE N° 2.

—

Nous, maire de la commune de
Vu la réquisition de M.   près la cour ou
le tribunal de   ou juge de paix du canton
de   portant que le nommé
*(relater la nature de la prévention et le but de la translation
tels qu'ils sont indiqués dans la réquisition).*

Requérons le préposé du service des convois militaires
à   de fournir   voiture   à
collier   ou un cheval pour transférer le susnommé de cette
place en celle de

A   le   18 .

MODÈLE N° 3.

—

RÉQUISITION A DÉLIVRER.

—

Nous   près la cour ou le tribunal
de   requérons M. le commandant de la gendarmerie de   de faire transférer par la voie
du chemin de fer avec l'escorte de   gendarmes et le
concours de l'agent ou préposé des convois militaires, le
nommé   prévenu de   qui
doit être conduit de cette ville en celle de
pour paraître
soit devant M. le Procureur général près la cour d'appel
de
soit devant M. le Procureur impérial près le tribunal de

soit devant M. le juge d'instruction près le tribunal de

soit devant la cour d'assises de

soit devant le tribunal de

ou condamné qui doit être conduit de cette ville en celle

de   pour comparaître

soit comme appelant d'un jugement

soit comme témoin   } devant la cour

soit comme prévenu d'un nouveau crime   } ou le tribunal

   ou délit   } de

A   le   18   .

Cette réquisition devra, lorsqu'elle aura été revêtue d'un vu arriver à destination, être jointe au mémoire que les gendarmes auront à fournir, s'ils ont fait l'avance du prix de leur place ou être remise au receveur de l'enregistrement pour être annexée au mandat de paiement qu'il aura acquitté.

MODÈLE N° 4.

—

RÉQUISITION A DÉLIVRER.

—

Nous   près la cour ou le tribunal de

Requérons l'agent départemental ou le préposé d'arrondissement des convois militaires à   de faire transférer avec le concours de la gendarmerie et par la voie du chemin de fer, le nommé   prévenu

de   qui doit être conduit de cette ville en celle de   pour paraître

soit devant M. le Procureur général de la cour de

soit devant M. le Procureur impérial du tribunal de

soit devant M. le Juge d'instruction du tribunal de
soit devant la cour d'assises de
soit devant le tribunal de
ou condamné qui doit être conduit de cette ville en celle
de   pour comparaître
soit comme appelant d'un jugement
soit comme témoin
soit comme prévenu d'un nouveau crime
  ou délit

devant la cour ou le tribunal de

A   le   18 .

NOTA. — *Cette réquisition, revêtue d'un vu arriver, sera jointe au bordereau de l'entrepreneur général.*

MODÈLE N° 5.

MANDAT DE PAYEMENT.

NOUS   près la cour ou le tribunal de
Vu l'article 12, § 2, du décret du 18 juin 1811 et l'article 10 de l'arrêté de M. le Garde des sceaux, ministre de la justice, en date du 30 juin 1855,
Mandons au Receveur de l'enregistrement, établi à
de payer au sieur   gendarme, la somme de
représentant celle qu'il aura à donner pour ses frais de locomotion (aller et retour) de   à
par la voie du chemin de fer, à l'occasion de la translation
du nommé   prévenu de
et conduit devant (*indiquer l'autorité*).

A   le   18 .

Pour acquit :

MODÈLE DE MARCHÉ

INDIQUÉ PAR LA CIRCULAIRE DU 16 JUILLET 1863.

Entre les soussignés, d'une part, M. le Procureur général à   ou M. le Procureur impérial à
agissant, en vertu de la délégation qui lui a été donnée par M. le Garde des sceaux et des instructions contenues dans la circulaire du 16 juillet 1863;

D'autre part le sieur   chargé du service des convois militaires dans le département de
pour trois années, à partir du 1er juillet 1863, ont été passées les conventions suivantes, conformes au cahier des charges arrêté par M. le Ministre de la guerre, et notamment à la clause insérée à l'article 1er, qui est ainsi conçue :
« L'entrepreneur sera tenu d'effectuer les translations des prévenus et accusés civils, et le transport des objets pouvant servir à conviction ou à décharge, aux mêmes prix que ceux consentis pour le ministère de la guerre.

Article 1er. — Le sieur   s'engage à effectuer dans tous les départements d   à partir du
et jusqu'au 30 juin 1866, les translations des prévenus et accusés, en dehors des voies ferrées et, s'il y a lieu, le transport des pièces à conviction, au moyen de voitures à un collier, qui devront contenir de un à cinq individus. (Art. 1er et 12 du cahier des charges.)

Art. 2. — Ces translations s'effectueront d'un lieu de logement militaire ou gîte d'étape à un autre avec lequel il correspond sur la route à parcourir et quelle que soit la distance.

Elles devront s'effectuer aussi d'un gîte d'étape sur un lieu qui ne le serait pas et réciproquement. (Art. 2.)

Dans le premier cas, il sera payé à l'entrepreneur par voiture à un collier et par étape ou journée de marche. (Art. 12.) . . . . *Tant.*

Dans le second cas, à raison d'une demi-journée de marche ou demi-fourniture, quelle que soit la distance. (Art. 18.) . . . . *Tant.*

Art. 3. — Au moyen des prix stipulés à l'article précédent, l'entrepreneur sera tenu de payer les fournitures de gré à gré aux particuliers qui les auront faites. (Art. 18.)

Dans aucun cas et pour aucune fourniture il ne pourra réclamer aucune indemnité en sus desdits prix.

Art. 4. — En cas d'interruption du service sur un point quelconque du département, il y serait pourvu par des marchés d'urgence ou par tout autre moyen que les autorités locales jugeraient convenable, aux risques et périls de l'entrepreneur, qui serait tenu de payer immédiatement les fournitures faites, aux prix des marchés d'urgence ou à ceux fixés par les autorités locales. (Art. 27.)

Art. 5. — Dans le courant de chaque trimestre, l'entrepreneur dressera un mémoire en double expédition, dont une sur timbre, de toutes les fournitures qu'il aura effectuées pendant le trimestre précédent.

Ce mémoire, conforme au modèle n° 1, annexé à l'instruction du 30 septembre 1826, devra être appuyé des ordres de fournitures au bas desquels aura été apposé un *vu arriver*, par le maire ou l'adjoint du lieu de l'arrivée, ou par le concierge de la prison dans laquelle le prévenu aura été conduit.

Le paiement en sera effectué sur notre réquisitoire et sur l'exécutoire de M. le premier président de la cour ou de M. le président du tribunal de   par le receveur de l'enregistrement établi près cette cour ou ce tribunal.

Art. 6. — Les fournitures qui n'auraient pas été portées dans le mémoire établi pour le trimestre pendant lequel elles auront été effectuées pourront être comprises dans un des mémoires suivants, pourvu toutefois qu'elles ne soient pas atteintes de la prescription prononcée par l'article 5 de l'ordonnance du 18 novembre 1838.

Art. 7. — Lorsque des condamnés, des mendiants et vagabonds non traduits devant les tribunaux, ou tous autres individus dont les frais de conduite ne sont pas imputables sur les fonds du ministère de la justice auront été transférés dans la même voiture que des prévenus ou accusés, l'entrepreneur déduira du prix de cette voiture la portion qui devra être payée sur d'autres fonds.

Art. 8. — Les droits de timbre et d'enregistrement du présent marché sont à la charge de l'entrepreneur.

Dans les communes où le service des transports des prévenus ou accusés et des objets de conviction n'est pas organisé, la dépense est réglée de gré à gré avec le juge taxateur, suivant le nombre des colliers nécessaires pour opérer le transport et qui se répète autant de fois qu'il y a de gîtes d'étape. Ces frais sont réputés urgents. (Art. 134, § 2.)

Les pièces à fournir aux payeurs du trésor, à l'appui des mandats de paiement sont : 1° la taxe du juge mise au bas de la réquisition ou de l'ordre de fourniture donné par les officiers de justice ou les officiers municipaux et portant le *vu arriver* au lieu de destination ; — 2° Le certificat d'officier de santé quand il s'agit de la translation de personnes, modèle n° 3, de l'instruction du 30 septembre 1826 ; —

3° quittance du voiturier. (Art. 65 de l'ordon. du 31 mai 1838.)

Par analogie avec l'article 5 de l'ordonnance royale du 28 novembre 1838, quand il n'est pas établi que les retards ne sont point imputables aux parties prenantes, les receveurs de l'enregistrement peuvent refuser d'acquitter les *simples taxes* dont le paiement n'a pas été réclamé dans les six mois de leur date.

Il doit être fait emploi des chemins de fer toutes les fois qu'un ou deux prévenus partiront d'un chef-lieu de département ou d'arrondissement, pour être transférés devant l'autorité judiciaire d'un autre chef-lieu existant sur la même ligne. (Circ., 30 juin 1855. — Voyez l'article 4 du présent décret.)

Une disposition essentielle à prendre dans ce cas par les officiers du parquet, c'est de faire indiquer par le commandant de gendarmerie, sur les réquisitions adressées par les magistrats aux préposés des convois militaires, le nombre des gendarmes dont l'escorte aura été composée, pour que cette indication puisse servir de contrôle lors de la vérification des bordereaux de frais, fournis par l'entrepreneur général. (Circ., 26 janvier 1858.)

Quand le transport a eu lieu par un convoyeur *habituellement* employé, les pièces à produire pour le paiement sont: 1° mémoires, dont un sur timbre, s'il y a lieu, et un sur papier libre, portant réquisitoire et exécutoire acquitté par les entrepreneurs ou leurs préposés ; 2° réquisitions ou ordres de fournitures des officiers de justice ou des officiers municipaux qui ont ordonné la translation ; 3° certificat constatant l'arrivée ; 4° certificats d'officiers de santé, attestant l'impossibilité de voyager à pied. (Modèle n° 1.)

ARTICLE 7.

Les prévenus et accusés pourront toujours se faire transporter en voiture, à leurs frais, en se soumettant aux mesures de précaution que prescrira le magistrat qui aura ordonné la translation, ou le chef d'escorte charger de l'exécuter.

ARTICLE 8.

La translation des prévenus ou accusés, soit dans l'intérieur de Paris à Bicêtre et de Bicêtre à Paris, se fera toujours par voiture fermée et par un entrepreneur particulier, en vertu d'un marché passé par le Préfet du département de la Seine, et qui ne pourra être exécuté qu'avec l'approbation du ministre de la Justice.

Les pièces à produire pour le paiement sont : 1° l'exécutoire du premier président, délivré sur les réquisitions du procureur général ;

2° Quittance timbrée au bas de l'exécutoire.

ARTICLE 9.

Les procédures et les effets pouvant servir à conviction ou à décharge seront transportés par les gendarmes chargés de la conduite des prévenus ou accusés.

Si, à raison du poids ou du volume, ces objets ne peuvent être transportés par les gendarmes, ils le seront, d'après un ordre par écrit du magistrat qui ordonnera le transport, soit par les messageries, soit par les entrepreneurs de transports et convois militaires, soit par toute autre voie plus économique, sauf les précautions convenables pour la sûreté des objets.

Les magistrats et les officiers de police judiciaire doivent prendre les précaut'ons nécessaires pour que les pièces de conviction ne soient pas endommagées par le transport. Ils devront aussi indiquer dans l'ordre de transport, qui sera toujours joint au mémoire, le poids des objets à transporter et le jour où ces objets devront arriver à leur destination, afin que, d'un côté, on puisse juger de la nécessité de prendre une voiture à un ou plusieurs colliers ou seulement un cheval de bât, et savoir de l'autre, si, au moment où ces objets doivent être envoyés, l'entrepreneur ne serait pas dans le cas d'effectuer un transport de prisonniers, on pourrait alors placer sur la voiture les objets dont il s'agit.

Les mémoires seront dressés conformément aux modèles n°s 2 et 3. Les pièces à produire à l'appui de la dépense sont : 1° mémoires, dont un sur timbre, et un sur papier libre, portant réquisitoire et exécutoire, acquittés par les entrepreneurs ou leurs préposés ; 3° réquisitions des autorités qui ont ordonné le transport ; 3° certificats constatant l'arrivée.

Toutefois ici s'applique ce que nous avons dit à l'article 6, c'est-à-dire que lorsque la translation des prévenus ou accusés et le transport des objets de conviction s'effectue

dans des lieux où le service des transports n'est pas organisé, la dépense sera réglée de gré à gré par le juge taxateur. Ce sont des frais urgents.

ARTICLE 10.

Les aliments et autres secours indispensable-
ment nécessaires aux prévenus ou accusés pendant
leur translation, leur seront fournis dans les prisons et maisons d'arrêt des lieux de la route. —
Cette dépense ne sera point considérée comme
faisant partie des frais généraux de justice ; mais
elle sera confondue dans la masse des dépenses
ordinaires des prisons et maisons d'arrêt. Dans
les lieux où il n'y aura point de prisons, les officiers municipaux feront faire la fourniture des
aliments et autres objets, et le remboursement
en sera fait aux fournisseurs comme frais généraux
de justice. — (Voir articles 371 et suivants du
décret du 1er mars 1854.) —

Les dépenses prévues par cet article ne peuvent, dans
aucun cas, être recouvrées sur la partie civile, ni sur le
condamné, d'après ce principe universellement admis que
l'État doit pourvoir à la nourriture de tout individu arrêté
et détenu, en vertu d'un mandement de justice. Il en serait
autrement si la détention était la suite de la contrainte par
corps exercée par une partie privée,

Les mémoires seront dressés conformément au modèle
nº 4. (Voyez, pour les réquisitions, les modèles donnés à
l'article 6.)

Les pièces à produire pour le paiement sont : 1° mémoires, dont un sur timbre, s'il y a lieu, et un autre sur papier libre, portant réquisitoire et exécutoire, acquittés; 2° quittances timbrées des fournisseurs, indiquant la somme payée, l'espèce, le nombre et le prix des objets fournis.

ARTICLE 11.

Les gendarmes ne pourront accompagner les prévenus ou accusés au-delà de la résidence d'une des brigades les plus voisines de celle dont ils feront eux-mêmes partie, sans un ordre exprès du capitaine commandant la gendarmerie du département.

ARTICLE 12.

Si, par l'exécution d'ordres supérieurs relatifs à la translation des prévenus ou accusés, il est nécessaire d'employer des moyens extraordinaires de transport, tels que la poste, les diligences ou autres voies semblables, les frais de ce transport et autres dépenses que les gendarmes se trouveront obligés de faire en route, leur seront remboursés, comme frais de justice criminelle, sur leurs mémoires détaillés, auxquels ils joindront les ordres qu'ils auront reçus, ainsi que des quittances particulières pour les dépenses de nature à être ainsi constatées.

Si les gendarmes n'ont pas de fonds suffisants pour faire les avances, il leur sera délivré un mandat provisoire de la somme présumée nécessaire, par le magistrat qui ordonnera le transport.

Il sera fait mention du montant de ce mandat sur l'ordre de transport.

A leur arrivée à leur destination, les gendarmes feront régler définitivement leur mémoire, par le magistrat devant qui le prévenu devra comparaître.

Il ne sera alloué aux gendarmes aucuns frais de retour ; il recevront seulement l'indemnité prescrite par les articles 68 et 69 de la loi du 28 germinal an VI.

Les avances, dont les gendarmes peuvent avoir besoin, sont fixées approximativement par le magistrat qui a ordonné la translation.

Les gendarmes produisent ultérieurement un mémoire de leurs dépenses, appuyé de pièces justificatives. Le receveur de l'Enregistrement mentionne l'avance sur l'ordre de transport donné par le magistrat.

Si les dépenses sont inférieures au montant de l'avance, le gendarme verse l'excédant dans la caisse du receveur des finances, pour le montant être reporté au crédit du ministère de la justice. Le mémoire, les pièces à l'appui et la déclaration de versement sont remis au receveur qui les produit pour être annexés au mandat d'avance. Le récépissé est remis au procureur impérial pour être envoyé au ministère de la justice. Dans le cas où l'avance est insuffisante, le surplus de la dépense est payé par le receveur du lieu de la destination, et, dans ce cas, un double du mémoire est remis au receveur qui fait l'avance pour être annexé au mandat.

Les pièces à produire à l'appui des ordonnances et mandats de paiement sont :

1° Mandat du magistrat qui a requis la translation, acquitté par les gendarmes (Modèle n° 5.) ;

2° Mémoire certifié des dépenses faites par les gendarmes et arrêté par le juge (Modèle n° 6.) ;

3° Pièces justificatives des dépenses, timbrées s'il y a lieu, telles que quittances des directeurs des messageries, états des maîtres de postes, directeurs de chemin de fer, etc.

Toutes les observations qui précèdent continuent à demeurer en vigueur, mais l'article 12 a été modifié par les articles 314 à 319 inclusivement du décret du 18 février 1863, portant réglement d'administration pour l'arme de la gendarmerie. Ces articles sont ainsi conçus : (Modifié par la circulaire du 18 avril 1867. — Voir ci-après.)

Article 314. — Toutes les fois que des sous-officiers, brigadiers et gendarmes, *sortant de leur département*, d'après un ordre ministériel ou à la réquisition du président de la haute cour de justice et des magistrats de l'ordre judiciaire, pour escorter des prisonniers, accusés ou condamnés, et des militaires passant aux compagnies de discipline ou ramenés à leur corps, il leur est alloué pour l'aller une indemnité journalière de déplacement, fixée ainsi qu'il suit : savoir :

Aux sous-officiers. . . . . 6 fr.
Aux brigadiers 5
Aux gendarmes. 4

Cette indemnité, allouée pour le nombre de jours réellement employés à l'escorte, y compris les séjours, est destinée à faire face aux dépenses personnelles de nourriture, de séjours et de découchers des militaires d'escorte. Au retour, soit que les sous-officiers, brigadiers et gendarmes voyagent par les chemins de fer, soit qu'ils suivent la voie de terre, ils sont traités comme les militaires isolés et ont droit à une seule indemnité, comprenant les frais de transport et de nourriture. Cette indemnité, décomptée par kilomètre, est déterminée par les réglements spéciaux sur les frais de route.

Article 315. — Les militaires de la gendarmerie, chargés d'escorter des prévenus, des prisonniers ou détenus, de Marseille en Corse ou en Algérie, et *vice versa*, reçoivent : 1° pendant la traversée, outre les vivres de bord, la moitié de l'indemnité fixée ci-dessus ; 2° pour les séjours forcés à terre, même après la remise des prisonniers, l'indemnité entière.

Pendant tout le temps de leur absence, il leur est retenu, sur les diverses indemnités auxquelles ils ont droit, un franc par jour au profit de leur masse individuelle, si elle est incomplète ou en débet.

Article 316. — Les dépenses, occasionnées par les translations, sont supportées par le ministère qui a requis les escortes.

Elles sont justifiées, pour le département de la guerre, conformément aux dispositions réglementaires sur les frais de route, et, pour les autres ministères, par un mémoire détaillé, fourni par les militaires d'escorte.

Article 317. — Les dépenses, dont le remboursement est dû pour l'aller et les séjours, figurent seules sur le mémoire produit en vertu de l'article précédent.

Les dépenses se composent :

1° De l'indemnité journalière spécifiée à l'article 314 ;

2° Des frais de voiture pour le transport des détenus et pour l'escorte ;

3° Des avances faites pour la nourriture des détenus, et autres frais extraordinaires les concernant.

Les ordres reçus et les quittances pour les dépenses, de nature à être ainsi constatées, sont joints à ce mémoire comme pièces justificatives.

Quant à l'indemnité de transport et de nourriture, pour le retour, elle est payée par avance sur les fonds du budget de la guerre, à charge de remboursement par les autres départements ministériels.

Ainsi, il ne doit plus être remboursé aux gendarmes d'escorte, dans les circonstances précitées, que les avances qu'ils ont faites pour leur locomotion, pour celle des prévenus, pour la nourriture de ces derniers et autres frais extraordinaires les concernant, et ces dépenses devront, comme par le passé, faire l'objet de mémoires détaillés.

Quant aux dépenses personnelles aux gendarmes, de nourriture, de séjour, de découcher, ils y feront face, au moyen de l'indemnité indiquée dans les articles précités et qui ne leur est accordée que pour l'aller. Elle leur sera dévolue régulièrement pour les translations qui sont à la charge du ministère de la justice ; mais, il est bien entendu qu'elle est destinée à les couvrir de leurs dépenses, à l'exception seulement de leurs frais de locomotion. Le paiement direct qui leur serait fait *pour leur retour* constituerait un double emploi avec le remboursement qui sera fait par le département de la justice à celui de la guerre. Ces dispositions ont été modifiées par la circulaire du 18 avril 1867, laquelle dispose qu'à l'avenir, lorsque les translations de prévenus seront effectuées *par les voies de fer*, dans la circonscription du département, les indemnités d'escorte des gendarmes leur seront payées directement, tant pour l'aller que pour le retour, sur les fonds du ministère de la justice. Elles seront réglées conformément aux articles 132, 322 et 324 du décret du 18 février 1863, à raison de 1 franc 25 pour les maréchaux-des-logis et de 1 franc pour les brigadiers et gendarmes. Ces indemnités leur seront allouées pour le retour comme pour l'aller, lors même qu'une seule journée aurait suffi pour l'escorte des prévenus et la rentrée des gendarmes à leur résidence.

SERVICE DES CONVOIS CIVILS.

N°

DU BORDEREAU

ou mémoire.

ORDRE DE FOURNITURE.

Nous

Vu

réquerons le sieur   préposé

du service des convois civils à   de fournir

demain la quantité de   voiture   à   collier

pour transporter de cette place en celle de

distance   kilomètres le nommé [1]

[2]

venant d   allant à

devant M.

de laquelle fourniture il sera remboursé en justifiant du certificat d'arrivée.

Fait à   le   18   .

(Mettre ci-dessus le cachet du signataire.)

[1] Avoir soin de ne pas comprendre un prévenu ou un condamné sur le même réquisitoire, ces transports ressortissant de deux ministères.

[2] Il est indispensable d'indiquer la position exacte de l'individu et de désigner, si c'est un prévenu, de quelle prévention il est atteint, et le tribunal devant lequel il est traduit. Si c'est un condamné, quelle est la durée de la peine qu'il va subir.

CERTIFICAT DE VU ARRIVER.

Nous,   certifions
que la fourniture ci-dessus a été exécutée

A   le   18   .

(*Apposer le cachet du signataire.*)

(*Ce certificat fait partie de l'ordre de fourniture; il doit figurer sur la même pièce.*)

ARTICLE 13.

Lorsqu'en conformité des dispositions du Code d'instruction criminelle sur le faux, et dans les cas prévus notamment par les articles 452 et 454, des dépositaires publics, tels que les greffiers, notaires, avoués et huissiers, seront tenus de se transporter au Greffe ou devant un juge d'instruction, pour remettre des pièces arguées de faux ou des pièces de comparaison, il leur sera alloué, par chaque vacation de trois heures, la même indemnité qui leur est accordée par l'article 166 de notre décret du 16 février 1807, relativement à l'inscription de faux incidents.

Les dépositaires publics auront toujours le droit de faire en personne le transport et la remise des pièces, sans qu'on puisse les obliger à les confier à des tiers.

Il sera taxé aux dépositaires qui devront représenter les

pièces de comparaison, en vérification d'écriture ou arguées de faux, en inscription de faux incident, indépendamment de leurs frais de voyage, par chaque vacation de trois heures devant le juge-commissaire ou greffier, savoir :

1° Aux greffiers des cours impériales. . . . . 12^f »

     des tribunaux de première instance 10 «

2° Aux notaires de Paris, ... 9 »

     des départements 6 75

3° Aux avoués des cours impériales. . . . . 8 »

     des tribunaux de première instance 6 »

4° Aux huissiers de Paris . . . . 5 »

     des départements. . . . . 4 »

5° Aux autres fonctionnaires publics ou autres particuliers, s'ils le requièrent. *(Article* 166 *du décret du* 16 *février* 1807.). . . . . 4 »

La dépense est réglée par le juge qui a requis le transport des pièces,

Les greffiers dépositaires des pièces arguées de faux et qui assistent, avec les magistrats, à la vérification faite par des experts écrivains, ne sont pas assimilés aux dépositaires dont parle l'article 13, attendu que les greffiers ne reçoivent les pièces dont il s'agit que pour les représenter aux juges, qu'en assistant aux rapports des experts, ils remplissent le devoir de leur office, et qu'ils ne peuvent dès-lors réclamer des droits que le réglement ne leur accorde pas ; ces droits ne sont alloués aux dépositaires publics qu'à raison de leur déplacement et de l'interruption de leurs fonctions, considérations qui ne sont point applicables aux greffiers.

Des vacations ne peuvent être accordées qu'autant qu'elles sont requises ; mention expresse doit en être faite dans le réquisitoire du ministère public et l'exécutoire du juge.

ARTICLE 14.

Les autres dépositaires particuliers recevront pour le même objet l'indemnité fixée par l'article 166.

(Voir le n° 5 de l'article 166 de décret du 1807, ci-dessus.)

ARTICLE 15.

Dans les cas prévus par les deux articles précédents, les frais de voyage et de séjour des greffiers, notaires, avoués, dépositaires particuliers, seront réglés ainsi qu'il sera dit dans le chapitre VIII ci-après, pour les médecins, chirurgiens, etc.

Quant aux huissiers, on se conformera aux dispositions dudit chapitre VIII, en ce qui les concerne.

FRAIS DE VOYAGE, DE SÉJOUR ET SÉJOUR FORCÉ

GREFFIERS, NOTAIRES, AVOUÉS ET DÉPOSITAIRES PARTICULIERS.

Pour chaque myriamètre parcouru, en allant et en revenant (*Décret du 18 juin* 1811, art. 91, § 1er.) . . 2 50

Pour chaque jour de séjour forcé, dans le cours du voyage (Art. 95, § 1er.) . . . . 2 "

Pour chaque jour de séjour dans le lieu où se fait l'instruction de la procédure à Paris. (Art. 96, § 1er.) . . . . 4 "

Dans les villes de 40,000 âmes et au-dessus. . . 2 50

Dans les villes et communes au-dessous de 40,000 âmes. . . . . 2 „

HUISSIERS.

Pour chaque myriamètre parcouru en allant et en revenant. (Art. 91, § 2.) 1 50

Pour chaque jour de séjour forcé dans le cours du voyage. (Art. 95, § 2.) 1 50

La cause du séjour forcé dans le cours du voyage doit être constatée conformément à l'article 95 du réglement du 18 juin 1811, par le juge de paix ou ses suppléants, ou par le maire, ou, à son défaut, par ses adjoints. Le certificat, constatant cette cause, doit être annexé à la taxe ou au mémoire.

Les frais de séjour dans le lieu où se fait l'instruction de la procédure ne peuvent être accordés qu'autant qu'il n'y aurait point eu ce jour-là de vacation donnant droit à l'indemnité.

Des frais de séjour dans l'un comme dans l'autre cas ne sont point dus à ceux des dépositaires qui reçoivent un traitement quelconque, soit sur les fonds de l'État, soit sur les fonds des administrations, établissements publics ou communes.

Les pièces à produire pour le paiement, dans les cas prévus par les articles 13, 14 et 15, sont les suivantes :

1° Taxe du juge mise au bas de l'ordonnance, en vertu de laquelle la remise des pièces a lieu ;

2° Certificat constatant le séjour forcé et sa durée. (Modèle n° 7.)

3° Quittance des parties prenantes. (Réglement du 28 décembre 1838.)

CHAPITRE II.

Des honoraires et vacations des médecins, chirurgiens, sages-femmes, experts et interprètes.

ARTICLE 16.

Les honoraires et vacations des médecins, chirurgiens, sages-femmes, experts et interprètes, à raison des opérations qu'ils feront sur la réquisition des officiers de justice ou de police judiciaire, dans les cas prévus par les articles 43, 44, 148, 332 et 333 du Code d'instruction criminelle, seront réglés ainsi qu'il suit :

Toutes les fois que les individus, compris dans ce chapitre, ne sont pas habituellement employés par les tribunaux, leurs honoraires et vacations doivent être acquittés comme frais urgents, c'est-à-dire sur simple taxe et mandat du magistrat, conformément aux articles 133 et 134, ci-après. La taxe doit faire mention expresse que la partie prenante n'était pas habituellement employée aux opérations qui y ont donné lieu, afin d'éviter un refus de paiement de la part du receveur de l'Enregistrement. (Circ., 12 février 1819, 5 juin 1860.)

Mais on doit suivre la marche ordinaire quand il s'agit de médecins et chirurgiens, ordinairement employés, parce qu'ils sortent du cas prévu par l'article 134, n° 2. Les pièces à produire pour paiement dans ce cas sont : 1° mémoires, dont un sur timbre, s'il y a lieu, et un autre sur papier libre, portant réquisitoire et exécutoire, acquittés par les parties prenantes ; 2° réquisitions de procéder aux opérations et traductions ; 3° procès-verbal ou certificat, constatant le nombre et la durée des vacations ; 4° état des fournitures faites, soit par les médecins ou experts, soit par des tiers. (Modèle n° 8.) S'il s'agit de rembourser aux parties prenantes des fournitures achetées d'un tiers, l'on doit rapporter le mémoire des vendeurs, détaillé, timbré et quittancé.

Les officiers de santé ont droit aux mêmes taxes que les médecins et chirurgiens, quand leur ministère est requis, cependant les magistrats et les officiers de police judiciaire ne sauraient apporter trop de soin dans le choix des gens de l'art, dont ils peuvent se faire assister, en vertu des articles 43 et 44 du Code d'instruction criminelle, pour constater le corps du délit.

Les opérations de médecine légale surtout exigent cette précaution ; elles sont souvent difficiles et délicates, et elles ont une grande influence sur le jugement des affaires les plus graves ; c'est un double motif de ne les confier qu'à des hommes instruits, expérimentés et capables de les bien faire. Les erreurs et les méprises qui se commettent au moment du flagrant délit, sont trop souvent irréparables ; et quand il serait toujours possible de recommencer avec succès ce qui a été mal fait dans le principe, il en résulterait toujours un surcroît de dépense qu'on aurait prévu par un choix plus éclairé.

Pour guider dans ce choix important les officiers de police inférieure, chaque procureur impérial pourrait choisir à l'avance les médecins, véritablement dignes de sa confiance, dans chaque commune ou dans chaque canton, et en envoyer la liste à ses auxiliaires, en leur recommandant de les appeler exclusivement pour les opérations qu'ils seraient dans le cas de requérir avant d'avoir pu en référer au procureur impérial. Ces médecins, jaloux de répondre dignement à ce témoignage d'une honorable confiance, se livreraient d'une manière plus spéciale à l'étude des matières médico-légales, et l'on aurait ainsi assuré la régularité des opérations qui servent souvent de bases aux procédures criminelles.

Entre plusieurs médecins, experts, etc., également capables, on doit choisir ceux qui se trouvent sur les lieux où l'opération doit se faire, ou qui en sont le moins éloignés.

Les médecins et experts doivent être appelés par un simple avertissement, sans citation dans tous les cas où leur ministère est requis, soit dans le cours de l'instruction, soit au moment de l'audience. Lorsque c'est le procureur impérial qui les requiert pour procéder hors de sa présence, l'intérêt de la justice exige qu'il leur adresse, en même temps que l'avertissement, des instructions suffisamment détaillées sur les points qu'ils ont à constater. Pour prévenir tout refus ou mauvais prétexte de la part des personnes qui seront ainsi appelées, chaque jour, chaque tribunal peut faire choix à l'avance, comme on vient de le dire pour les médecins, d'hommes expérimentés dans telle ou telle partie, et se les attacher de manière qu'on soit plus assuré de les trouver au besoin, ou qu'ils puissent se suppléer réciproquement ; et, s'il y a lieu, de leur accorder des taxes comme témoins, elles pourront être délivrées au bas de l'avertissement visé par l'officier du ministère public.

Comme les visites ou lès opérations médico-légales peuvent se présenter fréquemment, il faut éviter de les multiplier. Dans le cas de mort violente, pour peu que la cause en soit douteuse et qu'il puisse résulter de ce doute une présomption même vague de crime ou de délit, le fait doit être vérifié judiciairement, et quel que soit le résultat de cette vérification, la dépense qu'elle a causé doit être acquittée comme frais de justice ; mais on doit s'abstenir soigneusement de requérir le ministère de gens de l'art pour faire la visite des personnes suicidées, noyées, tuées par accident ou mortes naturellement par apoplexie ou autrement. La visite alors n'est pas faite dans l'intérêt de la justice, puisqu'elle n'a pas pour objet de fournir l'élément d'une information judiciaire. C'est une mesure de police administrative dont la dépense doit être supportée par l'administration ou les familles et qu'on ne saurait imputer sur les crédits du ministère de la justice. (Décision ministérielle des 20 février 1847 et 4 mars 1851.)

ARTICLE 17.

Chaque médecin ou chirurgien recevra, savoir :

1º Pour chaque visite et rapport, y compris le premier pansement s'il y a lieu,

A Paris.	6 fr.
Dans les villes de 40,000 habitants et au-dessus.	5 »
Dans les autres villes et communes.	3 »

2º Pour les ouvertures de cadavres et autres opérations plus difficiles que la simple visite, et en sus des droits ci-dessus,

A Paris.	9 fr.
Dans les villes de 40,000 habitants et au-dessus	7 »
Dans les autres villes et communes .	5 »

Ainsi le premier pansement ne peut jamais être compté *comme opération plus difficile.*

Quelles que soient les opérations, il ne peut être accordé de plus fortes taxes que celles qui sont fixées par l'article 17. On ne peut même augmenter ces allocations, en vertu de l'article 136 du règlement, attendu que les dispositions de cet article ne s'appliquent qu'aux dépenses extraordinaires et non prévues par ce règlement et que l'on ne saurait se fonder, sous quelque prétexte que ce puisse être, sur cet article, pour augmenter les honoraires attribués aux médecins et chirurgiens, puisque ces honoraires constituent une dépense ordinaire, prévue et déterminée d'une manière invariable.

Il n'est dû qu'un seul droit pour chacune des opérations qui y sont spécifiées. Ainsi, quand les médecins font l'ouverture d'un cadavre, l'indemnité ne leur est allouée que pour l'ensemble de l'opération, et non pour chacun des détails dont elle peut se composer ; de sorte qu'ils ne peuvent prétendre qu'un seul droit par exemple pour l'ouverture de différentes cavités d'un cadavre. (Décision du 20 décembre 1824.) — Il en est de même pour l'autopsie cadavérique d'un enfant, suivie de l'expérience de la docimasie hydrostatique faite sur les poumons du même sujet, à l'effet de s'assurer s'il est mort ou vivant. (Décision minist. du 9 avril 1825.)

Les médecins et chirurgiens appelés pour procéder à des opérations chimiques doivent être assimilés aux experts, en ce qui concerne l'indemnité qui peut leur être due.

Un traitement étant accordé aux médecins et chirurgiens des prisons, ils sont obligés non seulement de soigner et de traiter les détenus blessés ou malades, du moment où ils entrent dans la prison et pendant tout le temps qu'ils y restent, mais encore de rendre compte à l'autorité de l'état dans lequel ils se trouvent durant le même intervalle : ce traitement doit être considéré comme une espèce d'abonne-

ment pour les visites et rapports faits par les médecins et
chirurgiens, et les soins et traitements qu'ils doivent donner indistinctement aux détenus, ont avec ces visites et
rapports une connexion nécessaire. — Ainsi, dans le cas
dont il s'agit, l'indemnité allouée par le 1er paragraphe de
l'article 17 ne peut être accordée aux médecins et chirurgiens attachés aux prisons. Mais il n'en est pas de même de
celle dont parle le 2e paragraphe de cet article; cette indemnité leur est due lorsque, comme les autres médecins
et chirurgiens, ils procèdent, soit dans les prisons, soit
hors des prisons, aux opérations plus difficiles que la simple
visite : les droits de simple visite leur sont également dus
quand elles se font hors des prisons.

Pour les pièces à produire, voir l'art. 16.

ARTICLE 18.

Les visites à faire par les sages-femmes seront
payées :

A Paris . . . .   3 fr.
Dans les autres villes et communes.   2 »

Les mémoires des médecins, chirurgiens et sages-femmes,
seront dressés conformément aux modèles 8 et 9 et devront
toujours être accompagnés des pièces indiquées dans ces
modèles.

Voir art. 16, *pièces à produire*.

ARTICLE 19.

Outre les droits ci-dessus, le prix des fournitures nécessaires pour les opérations sera remboursé.

Lorsque les médecins réclament le remboursement des fournitures nécessaires à leurs opérations, ils doivent toujours joindre à leurs mémoires un état détaillé des objets employés, et cet état doit être certifié, lorsqu'il s'agit de médicaments, par le pharmacien qui les a vendus. (Décis. 4 avril 1826.)

Il n'y aurait pas lieu d'allouer au médecin le prix d'instruments qu'il aurait brisés, en faisant les opérations requises. (Décis. du 13 décembre 1828.)

Voir art. 16, *pièces à produire*.

ARTICLE 20.

Pour les frais d'exhumation de cadavre, on suivra les tarifs locaux.

Les pièces à produire à l'appui des mandats de paiement sont 1° *la taxe du juge* mise à la suite de la réquisition (modèle n° 10) ;

2° *La quittance des parties prenantes* sur la taxe.

ARTICLE 21.

Il ne sera rien alloué pour soins et traitements administrés, soit après le premier pansement, soit après les visites ordonnées d'office.

ARTICLE 22.

Chaque expert ou interprète recevra, pour chaque vacation de trois heures et pour chaque rapport, lorsqu'il sera fait par écrit, savoir :

A Paris .... 5 fr.

Dans les villes de 40,000 habitants et au-dessus... 4

Dans les autres villes et communes..... 3

Les vacations de nuit seront payées moitié en sus.

La durée et le nombre des vacations des experts ou interprètes doivent être constatées par les procès-verbaux des magistrats ou officiers de police judiciaire qui président à l'opération, et les procès-verbaux qui servent de base à la taxe doivent être joints aux mémoires.

La présence des magistrats aux expertises est tout à la fois utile à la justice et au trésor, ils doivent donc donner à ces travaux une surveillance spéciale. (Décis. du 27 juillet 1830 et 30 août 1832.)

Les expertises ayant pour objet des vérifications d'écritures ou de comptes de faillis ou banqueroutiers étant celles qui relativement occasionnent les dépenses les plus considérables, elles exigent la surveillance la plus sévère des magistrats qui ne doivent jamais allouer en taxe que les opérations qui ont été formellement requises et qui sont réellement propres à éclairer la justice.

Les experts sont, comme les médecins, tenus de présenter un mémoire détaillé des fournitures qu'ils ont faites, afin qu'on puisse en débattre la quotité et le prix et réduire la dépense s'il y a lieu. Ils doivent supporter, sans recours, la perte des instruments et vases qu'ils brisent dans le cours de leurs opérations, quand cet accident tient à la maladresse de l'opérateur ou à la mauvaise qualité des objets cassés (mêmes décisions); mais ces deux faits sont bien difficiles à constater, surtout la maladresse de l'opérateur. On a admis toutefois une exception indispensable pour le cas où les vases doivent être brisés par suite de l'opération;

alors lorsque ce fait se présente, on tient compte à l'expert de la perte qu'il a éprouvée après avoir constaté la sincérité de la réclamation, tant sous le rapport de l'existence du fait que sous celui du dédommagement auquel il peut donner lieu. (Décis. 16 février 1830.)

Lorsque les experts sont obligés d'employer des hommes de peine pour les aider dans leurs opérations, ils ne sont pas obligés d'en défalquer le salaire sur leurs émoluments, on leur alloue le salaire de ces hommes après s'être assuré de la nécessité de l'assistance, de sa durée; ce salaire doit être réduit au taux du pays. (Même décision.)

L'article classe dans la même catégorie toutes les personnes qui, à l'aide de la profession ou du métier qu'elles exercent sont appelées à fournir des renseignements à la justice ou à faciliter l'instruction des procès criminels. Le savant, dit M. Dalmas, chargé du soin si délicat et dangereux quelquefois, d'analyser ou d'extraire des substances vénéneuses, et le simple artisan appelé soit à faire l'ouverture d'une porte, soit à vider une fosse d'aisance, soit à s'occuper de tout autre travail purement manuel, ont droit aux mêmes honoraires, sauf la différence qui peut résulter de la population du lieu où ils ont opéré. Cependant, dans un procès célèbre, la somme touchée par les experts n'ayant pu couvrir les dépenses forcément faites pour obtempérer aux réquisitions reçues, la chancellerie fit, en vertu de l'article 136 du décret de 1811, allouer la somme nécessaire pour compléter le montant total des déboursés; ce n'était que justice, car si les experts ne peuvent prétendre à aucune indemnité pour avoir été détournés de leurs occupations habituelles, ils doivent au moins être intégralement remboursés de leurs dépenses réelles. Dans de pareilles circonstances la même marche devrait être suivie.

Pour parer, autant que possible, à ce qu'il y a d'incomplet et de peu équitable dans le décret en cette matière, il a été décidé que lorsque les médecins et experts seraient appelés devant les cours ou tribunaux pour donner des explications sur les travaux qui leur ont été confiés, ils ne devraient pas être considérés comme de simples témoins et taxés comme tels, assimilation de nature à léser leurs intérêts et à blesser leur dignité, mais être taxés conformément aux dispositions du décret du 18 juin 1811, qui leur sont spécialement applicables, c'est-à-dire que dans le cas spécifié, ils seront taxés non plus d'après l'article 25, mais d'après l'article 22, et qu'ils auront droit pour leurs transports, à l'indemnité fixée par l'article 91, § 1er. (Décision du 7 décembre 1861.)

Un expert, quand il est appelé loin de sa résidence et qu'il est forcé de rester plusieurs jours dans la ville où il opère, peut cumuler avec la vacation de jour et de nuit qui lui sont allouées, l'indemnité de séjour ; les vacations paient le temps employé par l'expert aux opérations dont il est chargé, dans quelque lieu que ces opérations se fassent ; l'indemnité de séjour couvre les frais de nourriture et de logement, dans une ville où il est étranger. (Dalmas, p. 47.)

L'expert qui touche un traitement quelconque à raison d'un service public a droit, outre l'indemnité de transport, à l'indemnité de vacation et à celle de séjour. — A la différence des témoins accomplissant un devoir forcé auquel est attachée une sanction pénale, les experts, en obtempérant aux réquisitions qu'ils reçoivent, agissent volontairement ; aucun moyen coërcitif ne peut être employé envers eux, d'ailleurs la disposition expresse qui n'accorde aux témoins que les frais de transport n'existe pas pour les experts, ils peuvent donc réclamer toutes les indemnités que le règlement leur alloue qu'ils soient ou non pourvus d'emplois, à raison desquels ils touchent un traitement. (Décis. minist. 3 juillet 1824.)

Il n'y a exception à cette règle, dit M. Dalmas, que pour les essayeurs des monnaies, chargés de la vérification de monnaies ou de bijoux argués de faux et qui y procèdent sans déplacement, les vacations que les magistrats leur alloueraient feraient double emploi avec le traitement fixe qu'ils reçoivent ; c'est moins une expertise judiciaire qu'une constatation de fait rentrant dans leurs occupations habituelles ; mais quand c'est le graveur général des monnaies qui est chargé de la vérification, ce fonctionnaire n'ayant pas de traitement fixe et n'étant payé qu'à raison de ses travaux, il doit recevoir les indemnités allouées par le règlement d'après le nombre des vacations employées.

Appelés devant les tribunaux pour donner des renseignements ou des explications les agents salariés de l'administration de la monnaie rentreraient dans la catégorie des experts ou témoins ordinaires et devraient être rétribués suivant les règles et les distinctions ci-dessus établies.

Il ne doit jamais être alloué aux experts plus de deux vacations de jour, quel que soit d'ailleurs le nombre des heures pendant lesquelles ces vacations ont duré, ni plus d'une vacation de nuit, lorsqu'il est nécessaire d'agir la nuit, quel que soit le nombre d'heures employées à cette vacation. (Décis. du 23 février 1830.)

Le ministère des interprètes ne doit être employé que quand les témoins ou les accusés parlent une langue étrangère, car, quand il ne s'agit que d'un patois, il suffit que l'un des membres du tribunal le comprenne pour qu'il l'explique à ses collègues. (M. Dalmas, p. 56.)

Cette opinion peut être acceptée dans les affaires de simple police ou de police correctionnelle ; mais nous pensons, avec M. Dalloz, qu'on ne saurait l'admettre dans les

affaires d'assises. La gravité de l'accusation ne permet pas
dans ce cas de s'affranchir des formes nécessaires ; l'accusé,
comme la société, doivent, autant que possible, être proté-
gés contre toute erreur. (Dalloz, *Frais et dépens*, n° 1115.)
Modèle n° 11 ; voir art. 16 *pour les pièces à produire*.

ARTICLE 23.

Les traductions par écrit seront payées, pour
chaque rôle de trente lignes à la page et de seize
à dix-huit syllabes à la ligne, savoir :

A Paris........................... .. 1 ' 25
Dans les villes de 40,000 habitants et au-
dessus............................... 1 »
Dans les autres villes et communes... . » 75

Lorsque ces traductions sont terminées, elles doivent
être soumises à l'examen du ministère public, qui constate
au bas de chacune d'elles, qu'elle contient le nombre de
lignes et de syllabes exigé. Dans le cas contraire, le ministère public doit réduire ces traductions au nombre de rôles
qu'elles peuvent comporter, d'après la quantité de lignes et
de syllabes qui doit entrer dans chaque page. Si la traduc-
tion demandée ne comportait pas un rôle entier d'écriture,
M. Dalmas pense qu'on devrait la payer suivant la règle
établie pour l'évaluation des fractions de rôle d'expédition
des greffiers. (Voir art. 48.)

Les mémoires des experts, interprètes ou traducteurs
de langues, devront être dressés conformément aux modèles n°s 11 et 12, et être accompagnés des pièces indiquées
dans ces modèles. (Voir aussi art. 16, *pièces à produire*.)

ARTICLE 24.

Dans le cas de transport à plus de deux kilomètres de leur résidence, les médecins, chirurgiens, sages-femmes, experts et interprètes, outre la taxe ci-dessus, fixée pour leurs vacations, seront indemnisés de leurs frais de voyage et de séjour de la manière déterminée dans le chapitre VIII, ci-après.

Pour les pièces à produire, voir art. 16.

ARTICLE 25.

Dans tous les cas où les médecins, chirurgiens, sages-femmes, experts et interprètes, sont appelés soit devant le juge d'instruction, soit aux débats, à raison de leurs déclarations, visites ou rapports, les indemnités dues pour cette comparution leur seront payées comme à des témoins, s'ils requièrent taxe.

Aux termes de la circulaire du 7 décembre 1861, les médecins et experts conservent leur qualité et ne sont plus taxés comme de simples témoins. C'est l'article 22 qui règle leur indemnité et l'article 91 leurs frais de transport. Cette taxe est indépendante de leurs vacations.

Les taxes devront être faites conformément au modèle n° 13.

Voir art. 30 *pour les pièces à produire.*

CHAPITRE III.

**Des indemnités qui peuvent être accordées aux témoins
et aux jurés.**

ARTICLE 26.

Conformément à l'article 82 du Code d'instruction criminelle, les témoins entendus dans l'instruction et lors du jugement des affaires criminelles et de police recevront, s'ils le demandent, une indemnité qui demeure réglée ainsi qu'il suit :

Chaque témoin qui demandera une indemnité, sera taxé par le juge d'instruction. (Art. 82, Code Inst. crim.)

Il résulte de cet article et de l'article 26 du règlement du 18 juin 1811, qu'aucune taxe ne peut être accordée aux témoins *qu'autant qu'ils la demandent*. Ainsi le juge taxateur ne peut l'accorder que quand il s'est assuré par lui-même que le témoin l'a réclamée ; et conformément à l'article 36 du règlement précité, *mention expresse doit être faite dans le mandat de paiement que la taxe a été requise*. Cette formalité doit être observée par les présidents des cours d'assises, par les présidents des tribunaux correctionnels, et par tous les magistrats qui peuvent avoir à taxer des témoins.

Aucune taxe ne peut être payée que sur l'acquit du témoin ; les receveurs de l'enregistrement et des domaines doivent exiger que cet acquit soit mis, *en leur présence*, au bas de la taxe, et au moment où le témoin se présente pour en recevoir le montant. L'inobservation de cette règle a souvent occasionné de graves abus.

Les taxes doivent être payées par les receveurs *à tout instant et tous les jours,* depuis une heure avant le lever et jusqu'à une heure après le coucher du soleil. (Décis. du ministre des finances du 24 sept. 1808.)

Les taxes doivent toujours être écrites par les greffiers *eux-mêmes* ou par leurs commis assermentés ; les écritures de ce genre rentrent évidemment dans la classe de celles qui, aux termes de l'article 163 du règlement, doivent être faites gratuitement par ces officiers, sous la dictée et l'inspection des magistrats. (Circ. du 16 juin 1823.)

Cependant les greffiers n'encourent à ce sujet qu'une responsabilité morale ; les magistrats taxateurs continuent, conformément à l'article 141 du règlement, à être seuls responsables, lorsqu'il y a abus ou exagération dans les taxes accordées.

Toutes les fois que la nature de l'affaire n'est pas indiquée dans la cédule, ou ne l'est pas suffisamment, il faut nécessairement la rappeler dans la taxe, afin qu'on puisse reconnaître si les frais doivent être supportés par le ministère de la justice ou par quelques administrations, établissements publics ou par des communes, conformément à l'article 158 du règlement.

Quoique les règlements ne prescrivent pas d'une manière expresse aux juges taxateurs d'énoncer dans les taxes si les témoins ne savent pas signer, il importe cependant de ne point négliger cette formalité, qu'un long usage a consacrée et qui prévient beaucoup d'abus.

Toute taxe qui ne serait par rédigée conformément au modèle ci-joint, sous le n° 14, serait rejetée.

Le témoin cité devant une cour d'assises qui, pour une

cause indépendante de sa volonté, est arrivé trop tard pour être entendu, a droit à la même indemnité que s'il avait pu faire sa déposition.

Les témoins qui ne déposent pas parce que le tribunal trouve dans les aveux du prévenu ou dans d'autres circonstances la preuve du délit, n'en doivent pas moins être taxés lorsqu'ils le demandent, et les taxes et les frais de citation doivent être compris dans la liquidation des dépens et mis à la charge du condamné.

La taxe est due même aux témoins qui comparaissent sur simple avertissement, bien entendu lorsqu'ils la réclament et qu'ils sont appelés par le juge d'instruction ou le procureur impérial, quand les magistrats se transportent pour informer sur le lieu du délit. (Décis. minist. 11 mars 1837.) Cette décision est même étendue aux cas où les juges de paix procèdent, soit en cas de flagrant délit, soit par délégation du juge d'instruction, soit enfin en exécution d'une commission rogatoire. Dans ces diverses circonstances, la voie de l'avertissement doit être préférée quand on peut, parce qu'évitant les frais de citation, elle diminue la dépense.

Pour arriver au paiement de l'indemnité due aux témoins, au cas d'un simple avertissement, le témoin doit présenter l'avertissement écrit qu'il a dû recevoir, ou, si l'avertissement a été verbal, un certificat du juge constatant que cet avertissement avait été donné par ses ordres ou par ceux du ministère public. La taxe mise au bas de ce certificat a toujours été considérée comme pièce valable. (Décis. 30 mai 1826.)

La dépense que peut entraîner le déplacement d'un condamné qui est extrait d'un bagne ou d'une maison centrale de détention et conduit devant un tribunal soit pour y subir un nouveau jugement, soit pour y déposer comme témoin, fait partie des frais d'instruction. (Décis. minist. du 17 juin 1829.)

ARTICLE 27.

Pour chaque jour que le témoin aura été détourné de son travail ou de ses affaires, il pourra lui être accordé, savoir :

A Paris. . . . . 2ʳ »
Dans les villes de 40,000 habitants et au-dessus. 1 50
Dans les autres villes et communes. . . . . 1 »

La taxe de comparution fixée par les articles 27 et 28 du règlement, est due à tout témoin qui n'est pas domicilié à plus d'un myriamètre du lieu où il est entendu.

Au-delà de cette distance, ces articles cessent d'être applicables, et les témoins sont taxés à raison de la distance qu'ils ont parcourue, ainsi qu'il sera dit au chapitre VIII ci-après. La journée entière est due lors même qu'il n'en aurait été employé qu'une partie. (Décret du 7 avril 1813, art. 2, cité à l'art. 90.)

Les gardes champêtres et forestiers et les gendarmes cités en témoignage, sont assimilés aux autres témoins par l'article 3 du décret précité. (Voir art. 32 du décret ci-après.)

Pièces à produire, voir art. 30.

ARTICLE 28.

Les témoins du sexe féminin, admis à déposer, et les enfants de l'un et de l'autre sexe, au-dessous de l'âge de quinze ans, entendus par forme de déclaration, recevront, savoir :

A Paris............................... 1ᶠ 25

Dans les villes de 40,000 habitants et au-dessus............................... 1 »

Dans les autres villes et communes..... » 75

Pièces à produire, voir art. 30.

ARTICLE 29.

(Abrogé par l'art. 1ᵉʳ du décret du 7 avril 1813.

Il ne sera plus accordé de double taxe aux témoins dans le cas prévu par l'article 29 du règlement du 18 juin 1811. (Art. 1ᵉʳ, décret du 7 avril 1813.)

ARTICLE 30.

Si les témoins sont obligés de se transporter hors du lieu de leur résidence, il pourra leur être alloué des frais de voyage et de séjour, tels qu'ils sont réglés dans le chapitre VIII ci-après.

Au dit cas, les frais de séjour, tels qu'ils seront fixés par le nº 2 de l'article 96 ci-après, leur tiendront lieu de la taxe déterminée dans les articles 27 et 28 ci-dessus.

Cette disposition n'est applicable que lorsque les témoins se transportent à plus d'un myriamètre de leur résidence. (Voir l'art. 2, du décret du 7 avril 1813, à l'art. 90.)

Les frais de séjour sont dus toutes les fois que les témoins sont retenus forcément plus d'un jour, soit en route, soit dans le lieu où se fait l'instruction. Ces frais tiennent lieu de la taxe de comparution; mais ils peuvent et doivent se cumuler avec les frais de voyage, quand la partie prenante le requiert.

La taxe des jurés et des témoins, articles 26, 27, 28 et 30, est dressée au bas des copies des citations ou des convocations, soit par le juge, soit par le greffier, mais sous la surveillance et la responsabilité personnelle du magistrat qui l'a faite.

Les pièces à produire sont : 1º la taxe du juge mise soit au bas des copies, des citations ou des convocations (modèles nᵒˢ 13 et 14), soit au bas des avertissements. La taxe indique si le témoin, le juré ou tout autre partie sait ou ne sait pas signer. Dans le premier cas, la taxe ne peut être payée que sur l'acquit de la partie prenante elle-même; dans le second cas, la remise de la taxe équivaut à la quittance. (Ordon. du 31 mai 1838).

Lorsque la partie prenante ne peut représenter ni sa copie de citation ou de notification, ni l'avertissement, le paiement a lieu sur une taxe isolée, dans laquelle le juge indique les motifs qui empêchent la production de cette copie ou de cet avertissement.

Les mêmes pièces sont à produire dans les cas prévus par les articles 91, 95 et 96 du décret.

Toutes les dépenses réputées urgentes, qui sont payées sur simple taxe du juge, doivent être, en exécution de l'ordonnance du 28 novembre 1838, article 4, comprises dans un état dressé par le receveur de l'enregistrement, savoir : pour les taxes des témoins et des jurés, dans la forme indiquée au modèle nº 34, et pour les autres frais urgents, conformément au modèle nº 35.

ARTICLE 31.

Les officiers de justice n'accorderont aucune taxe aux militaires en activité de service, lorsqu'ils seront appelés en témoignage.

Néanmoins il pourra leur être accordé une indemnité pour leur séjour forcé hors de leur garnison ou cantonnement, en se conformant, pour les officiers de tous grades, à la fixation faite par le n° 2 de l'article 96 du présent décret, en allouant la moitié seulement de ladite indemnité aux sous-officiers et soldats.

Voir, pour les gendarmes, l'article 3 du décret du 7 avril 1813.

Le n° 2 de l'article 3 du règlement, dispose que les indemnités de route des militaires en activité de service, appelés en témoignage devant quelques juges ou tribunaux que ce soit, ne sont point comprises dans les frais de justice criminelle, et l'article 31 défend de leur accorder aucune taxe ; mais il doit leur être tenu compte, sur les fonds du ministère de la guerre, des indemnités auxquelles ils peuvent avoir droit, conformément à l'article 69 de la loi du 17 avril 1798 et à l'arrêté du gouvernement du 10 juillet 1797. Cependant, d'après le deuxième alinéa, du même article 31, il peut être accordé à ces militaires, sur les fonds du ministère de la justice, des *frais de séjour forcé* hors de leur garnison ou cantonnement, lesquels frais sont fixés par le n° 2 de l'article 96 du règlement du 18 juin 1811, ainsi qu'il suit :

Pour les officiers de tous grades

A Paris . . . . 3 fr. "
Dans les villes de 40,000 habitants et au-dessus   2   "
Dans les autres villes et communes.   1   50

Pour les sous-officiers et soldats

A Paris 1   50
Dans les villes de 40,000 habitants et au-dessus   1   "
Dans les autres villes et communes. . . . . . .   "   75

Mais ces frais ne peuvent et ne doivent être alloués que pour les jours que ces militaires sont obligés de passer dans les villes où ils sont appelés en témoignage et où leur présence est nécessaire. On ne doit pas comprendre dans la taxe *le jour de leur arrivée ni celui de leur départ.*

L'article s'applique aussi bien aux marins qu'aux militaires de l'armée de terre. Les gardes chiourmes sont assimilés aux troupes de marine. (Ordon. du 16 mai 1833. — Arrêt du 21 juin 1833.)

Mais, aux termes d'une décision du ministre de la marine du 31 mai 1841, les marins ne peuvent plus réclamer aucune indemnité, à quelque titre que ce soit, sur les fonds généraux des frais de justice criminelle pour leur comparution comme témoins devant les tribunaux ordinaires. — Cette décision porte : « Tout déplacement par mandement de justice, pouvant être considéré comme un ordre de service, il convient de décider que, conformément au principe posé par les articles 3, § 2, et 31, du décret du 18 juin 1811, tous les officiers militaires ou civils des différents corps de la marine, officiers de santé, marins, soldats et autres agents quelconques du ministère de la marine, appelés en témoignage devant les cours d'assises et les tribunaux civils, en matière criminelle ou correctionnelle, seront payés de leurs frais de route et de séjour par les soins et à la charge de ce département, suivant les règles et tarifs en vigueur pour son propre service. » — Il est regrettable qu'une pareille décision ne soit pas prise par le ministre de la guerre.

La seule exception qui subsiste est celle ou les nécessités d'une procédure criminelle forceraient à faire venir très-promptement les témoins marins ou militaires dans le lieu où ils doivent déposer. Les frais extraordinaires de diligence ou de poste qu'ils auraient faits pour obtempérer en temps utile à la citation qu'ils auraient reçue, devraient leur être alloués, conformément à l'article 136 du règlement et à la charge d'en rendre compte immédiatement à M. le garde des sceaux. Mais il faut éviter ce surcroît de dépense. (Dalmas, p. 68.)

L'allocation pour séjour forcé à des soldats des armées de terre et de mer, conformément aux articles 31 et 96, ne dispense pas les administrateurs militaires ou de la marine de leur payer l'indemnité de route qui leur est due pour le retour. (Décis. du 2 sept. 1841.)

ARTICLE 32.

Tous les témoins qui reçoivent un traitement quelconque, à raison d'un service public, n'auront droit qu'au remboursement des frais de voyage, s'il y a lieu et s'ils le requièrent, sur le pied réglé dans le chapitre VIII ci-après.

Il y a exception à cet article, en faveur des militaires, par le § 2 de l'article précédent.

On doit entendre, par un traitement quelconque, tout ce

qui est payé, soit sur les fonds du trésor, soit sur les fonds départementaux, municipaux ou communaux, et à quelque titre et sous quelque dénomination que ce soit.

Les commissaires et agents de police cités comme témoins n'ont droit qu'au remboursement des frais de voyage et ne doivent pas obtenir la taxe de comparution. Il n'est fait exception à la règle, en vertu de l'article 3 du décret du 7 avril 1813, qu'en faveur des gendarmes et des gardes champêtres et forestiers. (Décis. minist. du 31 août 1855.) La garde municipale de Paris jouit des mêmes droits. (Décis. du 26 déc. 1830.)

Voir pour les gendarmes, gardes champêtres et forestiers, l'art. 3 du décret de 1813.

ARTICLE 55.

Conformément à la loi du 29 janvier 1805, l'indemnité accordée aux témoins ne sera avancée par le Trésor qu'autant qu'ils auront été cités, soit à la requête du ministère public, soit en vertu d'ordonnance rendue d'office dans les cas prévus par les articles 269 et 303 du Code d'instruction criminelle.

Les citations et significations faites à la requête des prévenus ou accusés, seront à leurs frais, ainsi que les salaires des témoins qu'ils feront entendre ; sauf à la partie publique à faire citer, à sa requête, les témoins qui lui seraient indiqués par les prévenus ou accusés, dans le cas où elle jugerait que leur déclaration peut être nécessaire pour la découverte de la vérité, sans préjudice encore du droit de la cour de justice criminelle (aujourd'hui le président des assises), d'ordonner dans le cours des débats, lorsqu'elle le jugera utile, que de nouveaux témoins seront entendus. (Art. 2, de la loi du 29 janvier 1805.)

Malgré le mot *cité*, qui se trouve dans l'article, les témoins qui auraient déféré à un simple avertissement, n'en devraient pas moins être payés s'ils le requéraient. (Voir ce que nous avons dit sous l'art. 26.) Les citations à parties et aux témoins en matière de simple police doivent être données par forme d'avertissement et sans frais de citation. (Circ. minist. du 26 déc. 1845.)

ARTICLE 34.

Les témoins cités à la requête, soit des accusés, conformément à l'article 321 du Code d'instruction criminelle, soit des parties civiles, conformément à la loi du 25 janvier 1805, recevront les indemnités ci-dessus déterminées, elles leur seront payées par ceux qui les auront appelés en témoignage.

Les individus auxquels il n'est imputé qu'un délit ou même qu'une simple contravention, devraient, comme ceux sur qui pèse une accusation de crime, acquitter les taxes accordées aux témoins, que, dans leur intérêt, ils auraient cru devoir faire citer en justice. (Argument de la loi du 29 janvier 1805 précitée.)

ARTICLE 35.

Les jurés qui auront été obligés de se transporter à plus de deux kilomètres de leur résidence actuelle, pourront être remboursés des frais de voyage seulement, sur le pied réglé dans le chapitre VIII ci-après, et si toutefois ils le requièrent; il ne sera rien alloué pour toute autre cause que ce soit, à raison de leurs fonctions.

Il ne peut être alloué rien autre chose aux jurés, à raison de leurs fonctions que ces frais de voyage, *s'ils le requièrent*, mais cette indemnité leur est due lors même que, pour cause d'incapacité ou pour tout autre motif, la cour décide que le juré cité ne fera pas partie du jury. On conçoit, en effet, que le juré n'est pas juge des motifs qui l'empêchent d'être juré; il faut d'abord qu'il obéisse à la justice, et il est juste, dès lors, qu'il soit indemnisé. (Décis. du 7 mars 1832.) Mais lorsque la personne qui fait partie du jury doit, pendant le cours de la session, être entendue comme témoin dans une affaire, elle ne peut prétendre à aucune taxe en sa qualité de témoin; cela est juste. En effet, du moment où le témoin fait partie du jury, il doit tout son temps à la justice; il ne peut se plaindre d'aucun dérangement ni déplacement. (Décis. du 5 sept. 1820. — Dalloz, *Frais et dépens*, n° 1108.)

Le sens des mots résidence actuelle doit être restreint à la résidence dans le département où siége la cour d'assises, aux travaux de laquelle le juré doit participer, et c'est seulement à partir de cette résidence où a été donnée la citation qu'on doit calculer l'indemnité de transport qu'on peut allouer au juré.

Il n'y a qu'un cas où l'indemnité devrait se calculer peut-être d'un lieu situé hors du département où siége la cour d'assises. La liste de service du jury dure une année entière; il peut arriver que pendant le cours de cette année un juré transporte sa résidence dans un autre département. Si le nom de ce juré sort de l'urne, il faut nécessairement le convoquer et, comme alors la citation lui est donnée au lieu où est établi son nouveau domicile, il paraît juste de lui payer l'indemnité à raison de la distance réelle de ce lieu à la ville où siége la cour d'assises.

Hors ce cas, les indemnités réclamées à raison d'un séjour momentané dans un autre département, doivent être refusées ; si elles étaient accordées, elles devraient donner lieu à un rôle de restitution. (Dalmas, p. 72 et 73.)

ARTICLE 36.

Les officiers de justice énonceront, dans les mandats qu'ils délivreront au profit des témoins et jurés, que la taxe a été requise.

Si la formalité prescrite par l'article 36 n'était pas remplie, la taxe serait rejetée. Les taxes à allouer aux témoins et aux jurés doivent être rédigées conformément au modèle n° 14, et être accompagnées des pièces indiquées dans ce modèle.

CHAPITRE IV.

Des frais de garde des scellés et de mise en fourrière.

ARTICLE 37.

Dans les cas prévus par les articles 16, 35, 37, 38, 89 et 90 du Code d'instruction criminelle, il ne sera accordé de taxe pour la garde des scellés que lorsque le juge instructeur n'aura pas jugé à propos de confier cette garde à des habitants de la maison où les scellés auront été apposés.

Dans ce cas, il sera alloué, pour chaque jour, au gardien nommé d'office, savoir :

A Paris.............................. 2ʳ50

Dans les villes de 40,000 habitants et au-dessus................................... 2 »

Dans les autres villes et communes..... 1 »

L'article ne parle que du juge instructeur, mais les membres du ministère public et même les officiers de police auxiliaire, ont, comme le juge d'instruction, au cas de flagrant délit ou de réquisition de la part d'un chef de maison, caractère légal pour procéder à la saisie des effets et papiers utiles à la manifestation de la vérité, et par conséquent ils peuvent, s'ils le jugent nécessaire, apposer les scellés sur les objets dont le transport n'est pas effectué sur le champ. (Dalloz, n° 1156, *Frais et dépens*.)

Le mémoire des frais de garde des scellés sera dressé conformément au modèle n° 15. Ces dépenses sont réglées par les magistrats; les pièces à produire sont : 1° mémoire timbré du gardien portant réquisitoire et exécutoire; 2° copie de l'ordonnance de nomination du gardien; 3° autorisation du procureur général, quand il y a lieu.

ARTICLE 38.

En matière criminelle et correctionnelle, les femmes ne peuvent être constituées gardiennes de scellés, conformément à la loi du 6 vendé-

miaire an III, qui recevra, quant à ce, son exécution.

ARTICLE 39.

Les animaux et tous les objets périssables, pour
quelque cause qu'ils aient été saisis, ne pourront
rester en fourrière ou sous le séquestre plus de
huit jours.

Après ce délai, la main-levée provisoire pourra
en être accordée.

S'ils ne doivent ou ne peuvent être restitués,
ils seront mis en vente, et les frais de fourrière
seront prélevés sur le produit de la vente, par privilége et préférence à tous autres.

La règle posée par cet article n'est pas absolue : en
effet, lorsque les animaux saisis doivent servir à conviction
ou à décharge, il faut nécessairement les conserver pendant
tout le temps nécessaire à l'instruction du procès. Dans ce
cas, les frais de fourrière doivent être considérés comme
frais d'instruction, être avancés par la partie civile quand il
y en a une en cause ou, dans le cas contraire, être payés sur
les frais généraux de justice, sauf, dans tous les cas, le recours de droit contre les condamnés. (Décis. des 27 avril et
29 juin 1813.)

Si la fourrière dure plus de huit jours, la dépense qui en
résulte prend le caractère d'une dépense extraordinaire,
rentre dans les termes de l'article 136 et doit être ordonnée
en vertu de cet article et d'après les règles qu'il a tracées,
c'est-à-dire avec l'autorisation motivée du procureur général, sous la responsabilité de ce magistrat, et à la charge

par lui d'en informer sur le champ le ministre. (Dalloz, n° 1158, *Frais et dépens*.)

Il s'agit, dans le § 2 de cet article, de la main levée provisoire sous une caution solvable pour répondre de la valeur de ces animaux.

Ces dépenses sont réglées par les magistrats. (*Pièces à fournir*, voir art. 38.)

En cas de vente, les frais de fourrière sont prélevés sur le produit par privilége et de préférence à tous autres (art. 2102, n° 3, Code Napoléon), et si ce produit n'est pas suffisant pour couvrir ces derniers frais, ils doivent être acquittés comme frais de justice. (Décis. 5 mai 1821.)

ARTICLE 40.

La main-levée provisoire des animaux saisis et des objets périssables mis en séquestre sera ordonnée par le juge de paix ou le juge d'instruction, moyennant caution et le payement des frais de fourrière et de séquestre.

Si les dits objets doivent être vendus, la vente sera ordonnée par les mêmes magistrats.

Cette vente sera faite à l'enchère, au marché le plus voisin, à la diligence de l'administration de l'Enregistrement.

Le jour de la vente sera indiqué par affiches, vingt-quatre heures à l'avance, à moins que la modicité de l'objet ne détermine le magistrat à en ordonner la vente sans formalité; ce qu'il exprime dans son ordonnance.

Le produit de la vente sera versé dans la caisse de l'administration de l'Enregistrement, pour en être disposé ainsi qu'il sera ordonné par le jugement définitif.

Nous pensons, avec M. Dalmas, que le dernier paragraphe de cet article ayant été tacitement abrogé par une ordonnance du 3 juillet 1816, article 2, n° 14, qui exige qu'on verse dans la caisse des dépôts et consignations toutes les consignations ordonnées par les lois, c'est dans cette caisse que le produit des ventes dont s'agit doit être versé.

CHAPITRE V.

Des droits d'expédition et autres alloués aux greffiers.

ARTICLE 41.

Il est dû aux greffiers des cours impériales, des tribunaux correctionnels et des tribunaux de police, suivant les cas, des droits d'expédition, des droits fixes et des indemnités, indépendamment du traitement fixe qui leur est alloué par nos décrets.

Les greffiers, dans leurs mémoires, doivent désigner d'une manière claire et précise la nature des affaires, afin que lors de la vérification on puisse reconnaître si les frais sont à la charge du ministère de la justice ou à celle de quelque administration, commune ou établissement public, conformément à l'article 158. (Décis. minist. du 10 mai 1815.)

Ils doivent, aussi, quand ils ont été dans le cas de délivrer des expéditions ou extraits de jugements ou d'arrêts, indiquer dans leurs mémoires, si ces jugements ou arrêts étaient contradictoires ou par défaut (Décision 24 mars 1821), s'ils étaient définitifs, préparatoires ou interlocutoires et faire connaître en même temps à quelle fin les dits extraits ou expéditions ont dû être délivrés. (Décis. 10 mai 1815.)

Les mémoires des greffiers doivent toujours être dressés en leur nom et signés par eux. Les commis greffiers ne sont autorisés à fournir de semblables mémoires que quand ils remplissent provisoirement les fonctions de greffiers, soit par vacance de place, soit par empêchement du titulaire ; et dans ce cas, il est indispensable de faire mention de cette circonstance dans l'exécutoire. (Décis. 6 août 1819.)

ARTICLE 42.

Les droits d'expédition sont dus pour tous les actes et pièces dont il est fait mention dans les articles du Code d'instruction criminelle sous les n°s 31, 63, 65, 66, 68, 81, 86, 114, 117, 118, 120, 122, 123, 124, 125, 128, 129, 130, 131, 146, 153, 157, 158, 159, 160, 161, 188, 190, 191, 192, 193, 248, 281, 300, 304, 305, 343, 358, 396, 397, 398, 415, 419, 452, 454, 455, 456, 465, 481 et 601.

Cet article semble autoriser dans beaucoup de cas des expéditions d'ordonnances ou autres actes de procédure ; mais on ne doit pas perdre de vue que ces expéditions ne sont dues et ne doivent être payées par le trésor qu'autant qu'elles ont été demandées par le ministère public et pour un usage indispensable.

Les copies de pièces délivrées gratuitement, en vertu de l'article 305 du Code d'instruction criminelle, ne doivent pas être signifiées ; c'est au greffier à en faire la remise aux accusés sur leur reçu.

Il n'est plus fait qu'un relevé en vertu de l'article 601, celui qui était adressé au ministre de la justice est remplacé par l'envoi de bulletins de quinzaine au procureur général. (Circ. 6 nov. 1850.) Le seul qui soit obligatoire est adressé au ministère de l'intérieur.

ARTICLE 43.

Ces droits d'expédition ne sont dus que lorsque les expéditions sont demandées, soit par les parties qui en requièrent la délivrance à leurs frais, soit par le ministère public. Dans ce dernier cas, le Trésor en fait les avances, s'il n'y a pas de partie civile ou si la partie civile est dans un état d'indigence duement constaté.

Hors les cas ci-dessus, il n'est rien dû aux greffiers pour les actes sus-énoncés, lorsque notification, signification ou communication en est faite sur les minutes, ainsi qu'il sera dit ci-après.

Lorsque le ministère public est dans le cas de faire exécuter un jugement de simple police ou de police correctionnelle portant peine d'emprisonnement, il n'a pas besoin d'une expédition ; il suffit d'un extrait du jugement au bas duquel le procureur impérial délivre l'ordre d'emprisonner le condamné. Cet extrait doit ensuite être remis au receveur de l'enregistrement, en exécution de l'article 62 du présent réglement. Si cependant l'arrestation du condamné n'avait pu s'effectuer immédiatement, on ne doit pas négliger de communiquer l'extrait au préposé de l'enregistrement, pour le mettre en état de poursuivre le recouvrement de l'amende et des frais. Le coût de l'extrait qui lui est délivré est à la charge de la régie, et ne doit pas être imputé sur les fonds du ministère de la justice.

Le ministère public ne doit faire signifier aux condamnés en matière correctionnelle que les jugements par défaut; lorsque le jugement est contradictoire, la prononciation à l'audience tient lieu de signification ; cela résulte de l'article 203 du Code d'instruction criminelle. Ainsi, dans ce cas il n'y a lieu de délivrer deux expéditions des jugements à signifier que quand ils sont rendus par défaut. (Circ. du 30 déc. 1812.)

Dans la pratique, on délivre toujours deux extraits, l'un pour le receveur de l'enregistrement chargé du recouvrement des condamnations pécuniaires et des frais et un autre pour l'écrou. (Art. 609, Code Inst. crim.)

La signification des jugements de simple police ne doit avoir lieu qu'après qu'il a été donné avis à chaque condamné du jugement qui le concerne, afin de le mettre à même, s'il ne croit pas devoir attaquer le jugement par les voies de droit, de l'exécuter volontairement sans l'exposer à de nouveaux frais. A cet effet, les greffiers des tribunaux de police doivent dresser un relevé sommaire des jugements susceptibles d'opposition ou d'appel, et le transmettre au receveur de l'enregistrement dans la huitaine de leur date. Un même état ne doit comprendre que les condamnés domiciliés dans le même canton, de sorte qu'un état distinct est à fournir par chaque canton. Ce relevé, conforme au modèle ci-après, doit contenir autant d'articles qu'il y a d'affaires jugées et indiquer pour chacun la nature de la contravention, les noms et prénoms des condamnés, leur demeure, la commune sur le territoire de laquelle la contravention a été commise et le montant de l'amende et des frais.

Il est alloué aux greffiers, conformément à l'article 49 du décret du 18 juin 1811, dix centimes par article, c'est-à-dire par affaires jugées, quel que soit le nombre des condamnés.

Le receveur de l'enregistrement, à la réception du relevé, donnera avis à tous les individus qui y sont portés, des condamnations par eux encourues, avec invitation de venir en acquitter le montant à son bureau. Il conservera dans ses bureaux les relevés transmis par les greffiers, à la charge toutefois de faire un état des jugements qui n'auraient pas été exécutés volontairement par les condamnés sur premier avertissement et de l'adresser, à l'expiration du délai accordé aux condamnés, pour prendre une détermination et la faire connaître, soit au juge de paix qui aura rendu les jugements, soit au commissaire de police remplissant les fonctions de ministère public. (Circ. 15 déc. 1833 et 20 sept. 1834.)

Il n'y a pas lieu, en général, de délivrer au ministère public expédition des ordonnances du juge d'instruction, ni des arrêts de la chambre des mises en accusation, soit que ces ordonnances ou arrêts prononcent la mise en liberté pure et simple des prévenus, soit qu'ils ordonnent le renvoi devant le tribunal correctionnel ou de police simple. Cette expédition ne serait nécessaire qu'autant que plusieurs prévenus, impliqués dans la même instruction, seraient renvoyés devant des tribunaux différents ou bien encore 1° dans le cas où l'arrêt serait attaqué par la voie de cassation pour toute autre cause que celle déterminée par l'article 299 ; 2° dans le cas où le condamné interjeterait appel ou se pourvoirait en cassation et où, en matière criminelle,

6

l'arrêt devait être exécuté dans une autre commune que celle ou siége la cour qui l'a rendu.

Hors ces cas, les ordonnances ou arrêts doivent toujours être transmis en minutes aux tribunaux compétents ; c'est dans ce sens qu'il a été également statué, à l'égard des jugements d'incompétence dans les cas prévus par les articles 160 et 192. (Circ. minist. 28 oct. 1823.)

L'article 248 du Code d'instruction criminelle, porte que, s'il est survenu de nouvelles charges contre un individu précédemment mis en liberté par la chambre des mises en accusation, l'officier de police judiciaire ou le juge d'instruction adressera, sans délai, copie des pièces et charges au procureur général, qui provoquera une nouvelle instruction. Cependant il n'y a lieu de faire copier les nouvelles charges qu'autant qu'elles font partie d'une nouvelle procédure, dont l'instruction ne doit pas être retardée ; mais s'il y a possibilité d'envoyer les pièces en minutes, on doit éviter d'en faire des copies.

Les actes d'accusation qui ne sont pas de simples pièces de procédure, ne doivent jamais être expédiés ; et par conséquent, lorsque les individus qu'ils concernent se trouvent détenus dans des villes autres que celles où siége la cour impériale, ce sont les minutes même de ces actes qu'il faut transmettre pour faire opérer la signification ordonnée par l'article 242 du Code d'instruction criminelle.

ARTICLE 44.

Il n'est dû qu'un droit fixe aux greffiers pour les extraits qu'ils sont tenus de délivrer, en conformité des articles 198, 202, 417 et 472 du Code d'instruction criminelle, et de l'article 36 du Code pénal.

On ne doit plus délivrer d'extraits, en exécution des articles 198, 202 du code d'instruction criminelle. (Circul. 30 novembre 1850, 3 mars 1855.)

Les autres extraits sont :

1° Extrait du registre destiné à recevoir la déclaration des recours en cassation contre les arrêts préparatoires et d'instruction, ou les jugements en dernier ressort. (Art. 417, C. I. crim.)

2° Extraits d'un jugement de condamnation rendu contre un contumax, pour le dit extrait être inséré dans les journaux du département du dernier domicile du condamné, être affiché à la porte de ce dernier domicile, de la maison commune du chef-lieu d'arrondissement où le crime a été commis, du prétoire de la cour d'assises. (472, C. I. crim.)

3° Extraits de tous arrêts de condamnation à la peine de mort, des travaux forcés à perpetuité et à temps, de la déportation, de la détention, de la réclusion, de la dégradation civique et du bannissement, pour être imprimés ou affichés. (Art. 36, code pénal.)

Le même droit est dû :

1° Pour les extraits des jugements de condamnation qui doivent être délivrés en vertu de l'article 9 de l'ordonnance du 2 avril 1817, aux gendarmes chargés de la conduite des condamnés dans les maisons centrales de détention. (Circ. 6 décembre 1840, § 10.);

2° Extraits de jugement en matière d'absence envoyés au ministère de la justice pour qu'ils soient rendus publics (Art. 118, code Napoléon et circ. 3 mai 1825.);

3° Extraits de tous jugements ou arrêts de condamnation contre des militaires en activité de service, en disponibilité, ou non activité ou en réforme, avec l'indication du corps dans lequel servaient ces militaires (Circ. 29 avril 1822, 22 mars 1823, 14 mai 1832, 6 décembre 1840.);

4° Extrait de tous arrêts portant condamnation à des peines afflictives et infamantes contre des militaires jouissant d'une pension de retraite (Circulaire du 6 décembre 1840.);

5° Extrait de tous jugements, même de faillite, et arrêts de condamnation contre les membres de la Légion d'honneur et les décorés de la médaille militaire (Circ. 6 décembre 1840, 17 janvier 1853.);

6° Extrait de tous jugements ou arrêts contre des gens de mer, employés ou appelés au service du Gouvernement (Circ. 6 décembre 1840.);

7° Extraits de tous arrêts ou jugements, en matière correctionnelle ou criminelle contre des instituteurs (Circ. 25 avril 1855.);

8° Extraits de tous jugements ou arrêts contre des imprimeurs et des libraires (Circ. 6 décembre 1840, 30 janvier 1846.);

9° Extraits de tous arrêts d'acquittement ou de condamnation, en matière de fausse monnaie (Circ. 6 décembre 1840.);

10° Extraits, pour le préfet, des jugements rendus en matière de recrutement (Circ. 6 décembre 1840. Bulletins n° 2 pour remplacement militaire, 75 c. Circ. octobre 1856.);

11° Extraits pour transfèrement des condamnés (Circ. 29 mars 1827.);

12° Extraits pour l'écrou (Art. 609, C. I. crim.);

13° Extraits pour le recouvrement des amendes (Voir art. 178; 25 centimes.);

14° Extraits pour remplacement militaire (Circ. min. 20 juillet 1851; 25 centimes.);

12° Bulletin n° 2 pour élimination des listes électorales (Circ. 19 juin 1850 ; 10 centimes.) ;

16° Bulletin n° 2 aux parquets (Circ. 6 novembre 1853 ; 26 septembre 1855 ; 25 centimes.) ;

17° Extraits délivrés en exécution de l'article 439, C. I. crim.;

18° Extraits du registre des appels, soit en matière correctionnelle, soit en matière de simple police, quand l'appelant est détenu, le greffier se transporte à la prison pour recevoir l'appel (Cass. 7 décembre 1833.);

19° Etat des récidives (10 centimes par article.) ;

20° Extraits en matière de délit de presse (Circ. 18 février 1858.) ;

21° Extraits en matière d'usurpation de nom (Circ. 22 novembre 1858.) ;

22° Extraits aux gardes champêtres et aux gendarmes pour le recouvrement des amendes ; 25 centimes. (Art. 7, décret du 7 avril 1813.) Le coût reste à leur charge ;

23° Extraits aux préfets en matière de mendicité.

L'état des condamnés à l'amende, adressé tous les six mois au préfet, et qui était payé 10 centimes par article, a été supprimé par le décret du 23 septembre 1864, ainsi conçu :

Article 1er. — L'article 2 et le deuxième paragraphe de l'article 6 de l'ordonnance du 30 décembre 1823, sont abrogés.

Les extraits de jugements, délivrés par les greffiers, ne sont imputables sur les frais de justice criminelle, qu'autant qu'ils ont été requis par le ministère public, seul juge de l'utilité et de l'opportunité de cette délivrance. Le coût de ceux qui ont été requis par une administration doit rester à sa charge. (Circ. 31 août 1857.)

ARTICLE 45.

Il leur est accordé une indemnité pour leur assistance aux actes désignés dans l'article 378 du Code d'instruction criminelle, et pour l'accomplissement des formalités prescrites par l'article 83 du Code Napoléon.

Cette indemnité, qui est fixée par les articles 52 et 53 du réglement du 18 juin 1811, n'est pas due pour chaque condamné, mais seulement pour chaque arrêt exécuté, quel que soit le nombre des condamnés atteints par cet arrêt. (Décision du 10 mai 1815.)

Mais quand plusieurs arrêts reçoivent leur exécution le même jour, le greffier a droit à l'indemnité autant de fois qu'il y a d'arrêts exécutés, de sorte que, pour éviter toute difficulté au sujet de son payement, il doit mentionner, d'une manière claire et précise, dans son mémoire, le nombre des arrêts exécutés. (Décision, décembre 1813.)

ARTICLE 46.

L'expédition de l'acte d'écrou dont il est fait mention dans l'article 421 du Code d'instruction criminelle, sera payé comme extrait au concierge des prisons, suivant la fixation qui en sera faite par l'article 50 ci-après.

Cette expédition de l'acte d'écrou est celle qui doit être jointe au pourvoi en cassation, formé par le condamné. Pour en fixer le coût, il faut prendre en considération la juridiction de laquelle est émané le jugement, en vertu duquel le condamné a été écroué ; ainsi, quand c'est en vertu d'un jugement de simple police, on ne doit allouer au concierge, pour l'expédition de l'écrou, que vingt-cinq centimes au lieu de soixante. (Arg., art. 7 du décret du 7 avril 1813.)

Le mémoire du concierge devra toujours être dressé conformément au modèle n° 7.

ARTICLE 47.

En conformité de l'article 168 du Code d'instruction criminelle, les droits d'expédition, dus aux greffiers des maires agissant comme juges de police, seront les mêmes que ceux des greffiers des autres tribunaux de police.

C'est-à-dire les droits déterminés par l'article suivant.

ARTICLE 48.

Les droits d'expédition, dus aux greffiers des cours et tribunaux, sont fixés à quarante centimes par rôle de vingt-huit lignes à la page et de quatorze à seize syllabes à la ligne.

Cet article fait exception, en ce qui concerne le nombre de lignes à la page et de syllabes à la ligne, à la disposition générale renfermée dans l'article 28 de la loi du 13 brumaire an VII, et la règle qu'il trace est applicable à toutes les expéditions délivrées, en matière criminelle, correctionnelle et de police, sans distinguer si elles sont faites ou non sur papier timbré, et si elles ont été réclamées par le ministère public ou par les parties.

En l'absence de règle précise pour évaluer les fractions de rôle, on doit en adopter une analogue à celle qui est établie par l'article 92, pour l'appréciation des distances. Ainsi l'on ne doit rien allouer pour un quart de rôle ou quatorze lignes ; lorsqu'il y a plus de quinze lignes et moins de quarante-trois, on doit passer en taxe un demi-rôle ; enfin, lorsqu'il y a quarante-trois lignes et plus, le rôle doit être compté comme s'il était complet. Toutefois, comme le réglement accorde des droits aux greffiers sur toutes les expéditions qu'ils délivrent, et qu'il peut se faire que la copie de certains actes ne comporte pas plus d'un quart de rôle, on doit toujours, en pareil cas, allouer vingt centimes, lors même que l'expédition présentée au visa contiendrait moins de quinze lignes

ARTICLE 49.

Les droits d'expédition pour chacune des copies du registre tenu par les greffiers, aux termes de l'article 600 du Code d'instruction criminelle qui doivent être adressées aux ministres de la justice et de la police générale, conformément à l'article 601 du même Code, sont fixés à dix centimes par chaque article du registre.

Depuis la circulaire du 6 novembre 1850, il n'est plus adressé qu'une seule copie du registre, tenu en vertu de l'article 600. Cette copie est destinée au ministère de l'intérieur ; il est dû dix centimes par article.

Le même droit est dû pour le tableau des individus placés sous la surveillance de la haute police, dont deux exemplaires sont adressés l'un au préfet, l'autre au procureur

général; et aussi pour l'état des récidives. (Circ. min. du
3 octobre 1828.)

ARTICLE 50.

Les droits fixes pour les extraits sont réglés à
soixante centimes, quel que soit le nombre de
rôles de chaque extrait.

En matière forestière, ces droits ne seront que
de vingt-cinq centimes.

Conformément à l'article 50 du réglement, les extraits
de jugements ou d'arrêts en matière criminelle et correctionnelle continueront d'être payés aux greffiers à raison de
soixante centimes, et, en matière forestière, à raison de
vingt-cinq centimes seulement.

A l'avenir il ne sera payé que vingt-cinq centimes pour
les extraits de jugements en matière de simple police, et
généralement pour tous les extraits délivrés aux receveurs
ou préposés des régies, pour le recouvrement des condamnations pécuniaires, sans préjudice de la disposition de l'article 62 du réglement, en ce qui concerne les expéditions
ou extraits qui auront été délivrés au ministère public.

La deuxième disposition de cet article est applicable aux
jugements rendus par les tribunaux correctionnels, en
vertu de l'article 192 du code d'instruction criminelle.

Tous les extraits d'arrêts, de jugements ou de pièces de
procédure, délivrés soit à l'administration de l'Enregistrement, soit à celle des Forêts, soit enfin aux administrations,
communes ou établissements publics, assimilés aux parties
civiles, sont à leur charge.

Le coût des extraits délivrés à l'administration de l'Enregistrement pour le recouvrement sur les condamnés, des

frais de justice criminelle, est à la charge de cette administration, conformément à l'ordonnance du 3 novembre 1819 et à la circulaire du 7 décembre suivant.

Mais il a été décidé le 16 septembre 1820 :

1° Que l'indemnité de vingt-cinq centimes par extrait de jugement de condamnation pécuniaire de toute nature, accordée aux greffiers par l'article 50 du réglement du 18 juin 1811 et par l'article 7 du décret du 7 avril 1813, n'est due qu'à raison des jugements devenus définitifs, faute d'appel ;

2° Que lorsque les jugements contiennent la liquidation des dépens, les greffiers, au moyen de l'indemnité ci-devant énoncée, doivent indiquer séparément, sur les extraits qu'ils délivrent aux préposés, le montant principal des droits de timbre et des droits d'enregistrement en débet, compris dans les dépens, sans pouvoir, à raison de cette énonciation, prétendre à aucune augmentation de salaire.

Ainsi, il n'est dû aucun droit au greffier pour l'original de l'état de liquidation, qui doit être dressé en vertu de cet article et de l'article 163 ci-après, et qui doit rester joint en minute à la procédure.

ARTICLE 51.

L'état de liquidation des frais et dépens sera dressé par le greffier, et les copies qu'il en délivrera, lui seront payées à raison de cinq centimes par article.

Lorsque copie de l'état de liquidation est délivrée à l'administration de l'Enregistrement pour opérer le recouvrement des frais, le coût en est à la charge de cette adminis-

tration, conformément à l'ordonnance du 2 novembre 1819
et à la circulaire du 7 décembre suivant.

ARTICLE 52.

Lors des exécutions des arrêts criminels, le
greffier de la cour, du tribunal ou de la justice de
paix du lieu où se fera l'exécution sera tenu d'y
assister, d'en dresser procès-verbal; et dans le cas
d'exécution à mort, il fera parvenir à l'officier de
l'état civil les renseignements prescrits par le Code
civil.

A cet effet, le greffier se rendra, soit à l'hôtel
de ville, soit dans une maison située sur la place
publique où se fera l'exécution, et qui lui sera dé-
signée par l'autorité administrative.

La transcription du procès-verbal d'exécution, au pied
de la minute de l'arrêt de condamnation, s'opère au moyen
d'une copie de son procès-verbal que transmet, dans le délai de l'article 83 du code Napoléon, le greffier qui a assisté
à l'exécution, au greffier de la cour, lequel le transcrit au
pied de la minute de l'arrêt de condamnation.

ARTICLE 53.

Il est alloué aux greffiers, pour tout droit d'assistance, transcription du procès-verbal au bas
de l'arrêt et déclaration à l'officier de l'état civil,
savoir :

1° Pour les exécutions à mort à Paris. . 20 fr.

Dans les villes de 40,000 âmes et au-dessus 15

Dans les autres villes et communes. . . . 10

2° Pour les exécutions en effigie et exposition à Paris. 10

Dans les villes de 40,000 habitants et au-dessus. 5

Dans les autres villes et communes. . . . 3

Il n'est dû qu'un seul droit au greffier d'une cour, d'un tribunal ou d'une justice de paix, chaque fois qu'il assiste aux exécutions des arrêts criminels, quel que soit le nombre des individus condamnés par le même arrêt.

Indépendamment de ces droits, lorsque le greffier se transporte hors de sa résidence pour assister à l'exécution d'un arrêt criminel, il a droit à l'indemnité fixée par l'article 89 du règlement du 18 juin 1811 : cette indemnité est de 6 francs par jour, s'il se transporte à plus de cinq kilomètres de sa résidence, et de 8 francs s'il se transporte à plus de deux myriamètres.

Quand l'exécution est faite dans un autre lieu que celui où siége la cour qui a prononcé la condamnation, c'est celui qui assiste à l'exécution qui doit recevoir l'indemnité fixée par l'article, et il n'est dû, d'après M. de Dalmas, aucune rétribution au greffier de la cour d'assises pour la transmission du procès-verbal au pied de la minute de l'arrêt. Ceux-ci, en matière criminelle, n'ayant droit à aucun émolument pour la rédaction et la transcription des actes dont ils restent dépositaires.

ARTICLE 54.

Les accusés paieront, au taux réglé par le décret, les expéditions et copies qu'ils demanderont, outre celles qui leur seront délivrées gratuitement, aux termes de l'article 305 du Code d'instruction criminelle.

Ces copies ne doivent point être notifiées. (Voir art. 42 et 71.)

« Les conseils des accusés pourront prendre ou faire prendre, à leurs frais, copies de telles pièces du procès qu'ils jugeront utiles à leur défense.

« Il ne sera délivré gratuitement aux accusés, en quelque nombre qu'ils puissent être, et dans tous les cas, qu'une copie des procès-verbaux constatant le délit et des déclarations écrites des témoins ;

« Les présidents, les juges et le procureur général sont tenus de veiller à l'exécution du présent article. » (Art. 305, Inst. crim.)

Ainsi, par exemple, les pièces suivantes ne peuvent être délivrées par expédition aux accusés, que sur leur demande et à leurs frais, en vertu de la première partie de cet article 305.

1° Plaintes portées contre les accusés ;

2° Les rapports d'experts, notamment dans les affaires de faux en écriture ;

3° Les rapports de docteurs en médecine dans les affaires de coups et blessures ;

4° Les actes argués de faux ;

5° Les procès-verbaux dressés pour constater la représentation aux accusés des actes argués de faux, et la reconnaissance de ceux-ci par le notaire et les témoins qui ont figuré dans les actes faux ;

6° Les pièces sur lesquelles des sceaux contrefaits avaient été apposés ;

7° Le bilan dans les affaires de banqueroute frauduleuse ;

8° L'inventaire du mobilier d'un accusé de banqueroute frauduleuse ;

9° Les rapports des agents, syndics provisoires et définitifs ;

10° Les actes et écrits simulés constatant des dettes passives et collusoires entre le failli et des créanciers fictifs ;

11° Le procès-verbal de vérification des créances qui établissent le passif de l'accusé ;

12° Les réponses et déclarations d'un individu considéré comme complice de la banqueroute, et néanmoins renvoyé des poursuites par la chambre d'accusation ;

Tous ces actes ne sauraient être considérés légalement, *ni comme des procès-verbaux constatant le délit*, *ni comme des déclarations écrites des témoins*. Les rapports d'experts et ceux des officiers de santé ou des agents des faillis ne sont pas des procès-verbaux ; car il n'y a de procès-verbaux proprement dits que ceux qui sont dressés par des *officiers publics* ayant reçu de la loi le pouvoir de constater les délits. Or, des experts, c'est-à-dire des particuliers exerçant un art quelconque, n'ont point ce caractère. Quant aux plaintes, aux actes argués de faux, aux bilans, inventaires, etc., ces pièces ne sont évidemment ni des déclarations de témoins, ni des procès-verbaux.

Par la même raison, on ne doit pas délivrer aux accusés copie des interrogatoires dans les affaires où il y a confrontation des coaccusés entre eux ou avec les témoins.

La disposition restrictive et absolue de l'article 305, qui

défend de donner plus d'une copie gratuite en quelque nombre que soient les accusés, doit être exécutée dans tous les cas. Ainsi, lorsqu'un accusé présent a reçu cette copie, une seconde ne peut être accordée à l'accusé contumace qu'à ses frais.

Un condamné à qui copie des pièces n'a pas été remise, ne peut tirer de cette circonstance un moyen de nullité contre l'arrêt qui le condamne, s'il n'a pas réclamé cette remise avant ou pendant les débats. (Arrêt Cass., 13 janv. 1827.)

Quand plusieurs individus mis en accusation à raison des mêmes faits sont jugés, les uns contradictoirement, les autres par contumace, et que ces derniers viennent ensuite à se présenter ou à être arrêtés, ils sont non recevables à réclamer gratuitement une copie semblable à celle qui a été précédemment délivrée à leurs coaccusés et ils ne peuvent plus l'obtenir qu'à leurs frais, à moins que leur indigence soit notoire ou ait été légalement constatée. (Décis. du 22 avril 1823.)

Il n'y a pas lieu non plus d'accorder gratuitement une seconde copie de pièces à un accusé renvoyé par la cour de cassation devant une autre cour d'assises pour cause de suspicion légitime. (Décis. 30 déc. 1826.)

Les copies délivrées gratuitement aux accusés en vertu de l'article 305 du Code d'Instruction criminelle, ne comprennent que les procès-verbaux constatant le délit et les déclarations écrites des témoins, il ne doit être délivré qu'une seule copie pour chaque affaire, quel que soit le nombre des accusés. (Circ. 16 août 1842.)

Malgré un arrêt de cassation du 4 août 1843 qui décide que les rapports d'experts ne sont pas du nombre des pièces dont la copie est due aux accusés, que les conseils ont droit d'en prendre communication et que quand cette communication a été faite, le vœu de la loi se trouve rempli. M. de Dalmas pense et nous pensons avec lui qu'il y a lieu de s'en tenir aux termes de la circulaire du 13 novembre 1827, qui décide d'une manière générale qu'il doit être donné copie gratuite aux accusés des rapports d'experts et de médecins, chirurgiens et officiers de santé dans les affaires ou leur ministère avait été requis. Ces pièces ont souvent, dans beaucoup d'affaires, une importance majeure et il serait peu convenable que le ministère public seul pût les posséder en entier.

On pourrait toutefois faire une exception pour les rapports démesurément longs, dans les affaires de comptabilité, et suppléer à la délivrance des copies : 1° par la communication au greffe, conformément à l'article 302 du Code d'instruction criminelle ; 2° par la communication ultérieure de ces mêmes pièces, en tout état de cause et même pendant la durée des débats. M. de Dalmas pense également qu'il y a lieu de délivrer gratuitement aux accusés, quand les besoins de leur défense semblent l'exiger, copie des procès-verbaux constatant la confrontation des accusés avec les témoins. Parce que les dires de ces derniers se trouvant dans ces procès-verbaux et étant le complément de leurs dépositions, il est conforme au texte, ou au moins à l'esprit de l'article 305 d'en donner copie aux accusés.

Les appariteurs de police ne sont pas officiers de police judiciaire, et leurs procès-verbaux ne pouvant faire foi en justice (Cass. 13 août 1841), ni jusqu'à inscription de faux, ni même jusqu'à preuve contraire, il n'y a pas lieu d'en donner copie aux accusés. (Décis. 8 avril 1829.)

ARTICLE 55.

Dans le cas de renvoi des accusés, soit devant

un autre juge d'instruction, soit à une autre cour
d'assises, il ne pourra leur être délivré, aux frais
du Trésor, de nouvelles copies des pièces dont ils
auront déjà reçu une copie en exécution du sus-
dit article 305.

Voir ce qui vient d'être dit article 54.

ARTICLE 56.

En matière correctionnelle et de simple police,
aucune expédition ou copie de pièces de la procédure ne pourra être délivrée aux parties, sans
une autorisation expresse du procureur général ;
mais il leur sera délivré, sur leur demande, expédition de la plainte, de la dénonciation, des ordonnances et des jugements définitifs.

Toutes ces expéditions seront à leurs frais.

L'une des règles fondamentales de notre législation criminelle est le secret de la procédure écrite. Si l'instruction
est terminée par un arrêt de non-lieu, la procédure demeure
close et nul ne peut se servir des renseignements qu'elle
contient. Si le prévenu est mis en jugement, l'intérêt de la
défense a permis de lui communiquer les pièces, mais cette
communication ne peut avoir lieu qu'après l'arrêt de mise
en accusation. Cette règle ne reçoit aucune exception en
matière criminelle. En matière correctionnelle ou de police,
l'article 56 du décret du 18 juin 1811 autorise la délivrance
des pièces de la procédure, mais seulement *aux parties*, et
avec l'autorisation expresse du procureur général. Il résulte
de ces dispositions que les procédures criminelles sont fer-

mées pour les tiers, et l'administration de l'Enregistrement ne peut, ni dans un cas, ni dans l'autre, en obtenir la communication au greffe pour y puiser des renseignements dans un intérêt purement fiscal. Les motifs du secret s'appliquent à elle aussi bien qu'à toute personne étrangère à la poursuite. La procédure criminelle n'est dirigée que dans un seul but, la découverte des crimes et des délits ; elle n'est point destinée à constater les infractions aux lois fiscales ; les administrations spéciales ont leurs moyens d'enquête ; la justice ne doit employer les siens qu'à ses propres intérêts. (Décis. 30 avril 1842.)

Sur le premier point, ces principes ont été consacrés de la manière la plus formelle dans des réquisitions remarquables de M. le procureur général Dupin, prononcées le 17 juin 1834, dans une espèce où le tribunal avait autorisé l'une des parties à se faire délivrer expédition des procès-verbaux d'information, dressés dans une affaire criminelle, terminée par une ordonnance de non-lieu.

» Les procédures criminelles, tant qu'il n'y a pas eu encore d'arrêt de mise en accusation, sont essentiellement secrètes. La faculté de se faire délivrer expédition des pièces d'une telle procédure ne peut être considérée comme étant de droit commun. Elle n'existe, au contraire, même à l'égard des parties, que lorsqu'elle leur est conférée par une disposition formelle de la loi. Or, l'article 302 du Code d'instruction criminelle ne permet la communication des pièces même au défenseur de l'accusé, qu'après l'interrogatoire de ce dernier par le président de la cour d'assises, et, par conséquent, lorsqu'il y a eu un arrêt de mise en accusation ; d'où la conséquence que, s'il n'est pas intervenu de mise en accusation comme dans l'espèce, n'y ayant pas de communication possible, même à l'égard des accusés et de leurs conseils, il ne doit point y en avoir, à plus forte raison, à l'égard des tierces personnes , étrangères à l'instruction.

« Le secret des procédures criminelles, tant qu'il n'y a pas eu de mise en accusation, est prescrit à la fois dans l'intérêt de l'action publique et dans celui des parties qui ont pu être l'objet de préventions non justifiées. Le pouvoir que s'est arrogé le tribunal de . . . . . . est de nature à compromettre l'un et l'autre intérêt. Un pareil pouvoir aurait pour effet de contraindre la juridiction criminelle à livrer, aux tribunaux civils, les actes d'informations qui sont encore pendantes, ou qui, n'étant suspendues que par une ordonnance de non-lieu, peuvent être reprises postérieurement. Ces actes d'information se trouveraient ainsi livrés à une publicité prématurée, soumis à une controverse, à des débats, à des formes, à des juges étrangers à l'affaire criminelle qu'ils concernent. Enfin, plus tard, en cas de mise en accusation, ils n'arriveraient devant les tribunaux correctionnels ou devant les cours d'assises qu'après avoir subi une discussion et un préjugé préalables de la part des juges incompétents sur l'affaire criminelle. »

Un autre réquisitoire du même magistrat a fait, dit M. de Dalmas, consacrer de nouveau le droit accordé par l'article 56 du décret du 18 juin 1811 au procureur général, de refuser la délivrance des expéditions ou copie de pièces des procès correctionnels et de simple police, autres que la plainte, la dénonciation, les ordonnances et les jugements définitifs.

Le jugement déféré à la cour avait ordonné, malgré le refus du procureur général, qu'il fût délivré aux parties copie des réquisitions du ministère public dans un procès correctionnel suivi d'acquittement. Les juges s'étaient fondés, à cet égard, sur ce que ces réquisitions devaient être assimilées à la plainte ou à la dénonciation dont elles tiennent lieu dans beaucoup de cas.

« Le jugement attaqué, dit M. Dupin, a interprété ce mot *plainte* dans un sens général, et l'a appliqué même aux réquisitions du ministère public. Mais il résulte évidemment de ces deux mots *plainte* et *dénonciation*, du sens tout spécial qui leur est donné par le code d'instruction criminelle, des dispositions des articles 30, 31, 63 et suivants, consacrés entièrement à déterminer les règles de ces actes, que ces' dénominations dans le langage du droit criminel ne sont nullement applicables au ministère public.

« Le ministère public reçoit les plaintes et les dénonciations, mais il ne les fait pas. Les réquisitoires qu'il dresse ont un tout autre caractère.

« Le motif qui a dû faire attribuer à la partie poursuivie le droit de demander expédition de la plainte et de la dénonciation, c'est qu'elle peut prétendre que ces actes sont calomnieux, et que si cette prétention est fondée, elle a droit à des dommages-intérêts. Il est donc juste, si elle le demande, qu'on lui délivre expédition des actes nécessaires à l'exercice de l'action qui lui est ouverte par la loi ; mais ce motif ne trouve aucune application aux réquisitoires du ministère public, qui rentrent dans la classe des pièces de la procédure, dont le même article 56 ne permet l'expédition aux parties qu'avec l'autorisation expresse du procureur général. »

Mois on ne peut refuser de délivrer expédition d'un arrêt ou d'un jugement rendu en matière criminelle, correctionnelle ou de police, même lorsque celui qui la réclame est un tiers, non intéressé dans l'affaire. L'article 56 du décret du 18 juin 1811 n'a point dérogé à l'article 37 de la loi du 7 messidor an XI, ni à l'article 853 du code de procédure civile, il n'a pour but que d'assurer le secret des procédures criminelles non terminées. (Lettre ministérielle du 20 août 1827.)

ARTICLE 57.

Conformément à l'article 5 du décret du 24 janvier 1807, les greffiers ne délivreront aucune expédition ou copie susceptible d'être taxée par rôle, ni aucun extrait, sans les avoir soumis à l'examen de nos procureurs, qui en feront prendre note sur un registre tenu au parquet.

Nos procureurs viseront en outre les expéditions.

EXTRAIT DU DÉCRET DU 24 FÉVRIER 1806, ARTICLE 5.

« Aucune copie ne sera délivrée par un greffier, sans avoir été mise sous les yeux du président et du procureur impérial ou général, qui mettront leur visa au pied de chaque copie, et donneront au greffier le certificat qu'il s'est conformé aux réglements, tant sur les actes à délivrer que sur le nombre de lignes dans chaque page et de syllabes dans chaque ligne. Les greffiers devront joindre ce certificat à l'exécutoire qui leur sera donné pour cette copie. »

D'après les dispositions de cet article 5, les officiers du ministère public doivent exprimer, dans leur visa, le nombre de rôles que les expéditions contiennent, ou, en cas de réduction, le nombre de ceux qu'ils auront cru pouvoir passer en taxe ; les mêmes mentions devront être faites sur le registre tenu au parquet, afin de pouvoir vérifier plus tard, quand les greffiers présentent leurs mémoires, s'ils n'y portent pas plus de rôles que le ministère public n'en aura admis, et de le faire réduire, s'il y a lieu, avant qu'ils soient revêtus de l'exécutoire du juge. (Circ. 16 août 1842.)

Enfin, si les expéditions sont trop irrégulières, elles doivent être rejetées tout à fait.

Il doit en être de même à l'égard des greffiers des justices de paix, et ce, conformément à l'ordonnance du 17 juillet 1825.

Les mémoires des greffiers seront dressés conformément au modèle sous le n° 16.

Les extraits des jugements, fournis à l'administration de l'Enregistrement et des Domaines, doivent être visés par le procureur impérial. (Circ. 10 mars 1861.)

ARTICLE 58.

Ne sont point insérés dans la rédaction des arrêts et jugements les plaidoyers prononcés soit par le ministère public, soit par les défenseurs des prévenus ou accusés, mais seulement leurs conclusions.

Les dépositions des témoins, leurs noms, profession, âge et demeure ne doivent point être insérés dans les jugements.

Les notes que tient le greffier, en vertu des articles 155 et 180 du code d'instruction criminelle, doivent être jointes en minutes à la procédure. Ce serait un double emploi et un abus que d'en insérer le contenu dans le jugement. L'article 58, ne permettant d'insérer dans le jugement que les conclusions des parties, exclut par cela même les motifs des conclusions. En un mot, on doit s'attacher à rédiger les jugements le plus succinctement possible, sans omettre rien d'essentiel.

Les questions soumises aux jurés et les réponses de ceux-ci ne doivent pas être insérées textuellement dans la rédaction des arrêts des cours d'assises. (Décision du 2 mars 1832.)

Les témoins, comme les prévenus, peuvent être appelés sur simple avertissement devant le tribunal de simple police et les témoins, qui comparaissent ainsi, ont droit à une indemnité. (Décis. 30 mai 1826 et 29 juillet 1828.)

Il en est de même en matière correctionnelle. (Cass. 9 juin 1853, Agen 22 novembre 1854, argument, art. 3, Loi du 20 mai 1863.)

ARTICLE 59.

Toutes les fois qu'une procédure en matière criminelle, de police correctionnelle ou de simple police, devra être transmise à quelque cour ou tribunal que ce soit ou au ministère de la justice, la procédure et les pièces seront envoyées en minutes, sans en excepter aucune, à moins que le ministre de la justice ne désigne des pièces pour n'être expédiées que par copies ou par extraits.

L'envoi en copie est autorisé par mesure générale, pour les pièces suivantes :

1° Les arrêts qui prononcent la mise en accusation ; mais seulement dans le cas où l'affaire ne doit pas être jugée dans le lieu où siége la cour impériale ou bien lorsque la signification, prescrite par l'article 242 du code d'instruction criminelle, ne peut être faite sur la minute à raison de l'éloignement de la personne ou du domicile de l'accusé, ou enfin lorsque l'arrêt est attaqué en nullité pour l'une des causes exprimées en l'article 299 du même code ; dans tous les autres cas, l'expédition de l'arrêt est inutile, et la signification doit en être faite sur la minute, suivant le mode indiqué par l'article 70 du réglement. Il en est de même des ordonnances rendues contre des contumaces.

2º Les arrêts de condamnation, soit quand il y aura pourvoi en cassation de la part des condamnés ou du ministère public, soit quand le lieu de l'exécution n'est pas celui où la cour d'assises a siégé ;

3º Les arrêts d'acquittement ou d'absolution, lorsque le ministère public s'est pourvu en cassation, en vertu des articles 409 et 410 du code d'instruction criminelle ;

4º Les déclarations de pourvoi en cassation et les actes d'écrou qui doivent y être joints, conformément à l'article 421 du code d'instruction criminelle ;

5º Les déclarations d'appel de la part, soit du ministère public, soit des condamnés ou de la partie civile ;

6º Les jugements de police correctionnelle et de simple police, lorsqu'ils sont attaqués par la voie de l'appel ou de cassation.

On doit transmettre en minute toutes les autres pièces, telles que les procès-verbaux, les plaintes ou dénonciations, les interrogatoires, les procès-verbaux d'audition de témoins, les rapports d'experts, les mandats de toute nature, les réquisitions du ministère public, les ordonnances du juge d'instruction, les notes sommaires tenues à l'audience, les jugements préparatoires et interlocutoires, les procès-verbaux des cours d'assises, les états de liquidation, et, généralement, tous les actes d'instruction et de procédure.

Les jugements des tribunaux correctionnels et de simple police, portant renvoi devant d'autres juges pour cause d'incompétence, doivent aussi être transmis en minutes, sauf à réintégrer ces minutes au greffe du tribunal qui a ordonné le renvoi, lorsqu'elles ne sont plus nécessaires ailleurs.

Il en est de même pour les arrêts de la chambre des mises en accusation qui ordonnent des actes d'instruction ou qui renvoient les prévenus devant la juridiction de police correctionnelle ou de simple police.

Les actes d'accusation ne doivent pas être joints en expédition aux pièces de la procédure, mais en minute. (Décis. 9 avril 1832.)

ARTICLE 60.

Dans tous les cas où il y aura renvoi de pièces d'une procédure, le greffier sera tenu d'y joindre un inventaire, qu'il dressera sans frais, ainsi qu'il est prescrit par l'article 423 du Code d'instruction criminelle.

Cet inventaire ne doit être fait qu'après que le procureur impérial a coté les pièces conformément à l'article 132 du Code d'instruction criminelle, et qu'il les a rangées dans l'ordre le plus convenable. Le procureur impérial ne doit envoyer les pièces qu'après s'être assuré que ces formalités ont été exactement remplies.

ARTICLE 61.

Ne seront expédiés dans la forme exécutoire que les arrêts, jugements et ordonnances de justice, que les parties et le ministère public demanderont dans cette forme.

ARTICLE 62.

Toutes les fois que l'officier du ministère public

aura pris une expédition d'un arrêt ou d'un jugement, portant peine d'amende ou de confiscation, pour en poursuivre l'exécution en ce qui le concerne, il remettra cette expédition au préposé de l'Enregistrement, chargé du recouvrement des condamnations pécuniaires, pour tenir lieu de l'extrait dont la remise est ordonnée par les arrêtés du Gouvernement, des 21 décembre 1796 et 5 janvier 1797.

Cette remise de l'expédition n'aura lieu que lorsque nos procureurs ou leurs substituts auront consommé tous les actes de leur ministère.

Le coût de l'expédition qui doit être remise au préposé de l'administration de l'enregistrement, est à la charge de cette administration, conformément à l'ordonnance royale en date du 3 novembre 1819.

Il ne faut pas oublier que l'exécution doit se faire, le plus souvent, sur un simple extrait qui est ensuite remis aux préposés de l'administration de l'enregistrement. Cet extrait est soumis au visa du procureur impérial. (Circ. 10 mars 1861.)

ARTICLE 65.

Il n'est rien alloué aux greffiers pour les écritures qu'ils sont tenus de faire sous la dictée et l'inspection des magistrats, ni pour la minute d'aucun acte quelconque, non plus aussi que pour les simples renseignements qui leur sont demandés par le ministère public, pour être transmis aux ministres.

Ainsi il n'est rien dû aux greffiers pour dresser, en exécution de l'article 183 du Code d'instruction criminelle, l'état des pièces servant à conviction, ni pour les taxes à témoins qu'ils sont tenus de rédiger, ni pour l'expédition des notes sommaires tenues à l'audience; elles doivent être transmises en minute au tribunal d'appel; ni pour l'expédition remise au ministère public de la prestation de serment ou d'un jugement qui déclare les avocats seuls admis à plaider. (Lettre minist. du 26 sept. 1848.)

ARTICLE 64.

Nous défendons très-expressément aux greffiers et à leurs commis d'exiger d'autres et de plus forts droits que ceux qui leur sont attribués par le présent décret, soit à titre de prompte expédition, soit comme gratification, ni pour quelque cause et sous quelque prétexte que ce soit.

En cas de contravention, nous voulons qu'ils soient destitués de leur emploi et condamnés à une amende qui ne pourra être moindre de cinq cents francs, ni excéder six mille, sans préjudice toutefois, suivant la gravité des cas, de l'application des dispositions de l'article 174 du Code pénal.

Ordonnons à nos procureurs généraux et impériaux de dénoncer d'office ou de poursuivre sur la plainte des parties intéressées, les abus qui viendront à leur connaissance.

L'article 174 du code pénal, punit ce crime de la réclusion.

CHAPITRE VI.

Des salaires des huissiers et des frais de capture alloués aux gendarmes et autres agents de la force publique.

ARTICLE 65.

Le service des huissiers près les cours impériales sera déterminé par une délibération prise en assemblée générale de la cour.

Tous les huissiers pourront être appelés indistinctement à faire le service civil et le service criminel à tour de rôle.

Néanmoins ceux des huissiers, ci-devant attachés aux cours criminelles, qui seront jugés les plus aptes à mettre le service criminel en activité, seront attachés de préférence, pendant les quatre années qui courront du jour de l'installation de chaque cour, au service des chambres criminelles de la cour, des cours d'assises et de la cour spéciale du chef-lieu.

Maintenant, aux termes du l'article 2 du décret du 14 juin 1813, les cours et tribunaux peuvent choisir indistinctement parmi tous les huissiers de leurs arrondissements respectifs, ceux qu'ils jugent les plus dignes de leur confiance pour être chargé du service intérieur de toutes les audiences, même criminelles et correctionnelles.

———

ARTICLE 66.

Les cours impériales pourront fixer le lieu de la résidence de tous les huissiers de leur ressort et la changer sur la réquisition du procureur général.

Le service des huissiers des tribunaux de première instance sera réglé par une délibération de chaque tribunal pour son arrondissement.

Voir ci-après, l'article 16 du décret du 14 juin 1813, et les instructions qui s'y réfèrent.

ARTICLE 67.

Les huissiers n'ont aucun traitement fixe, il leur est seulement accordé des salaires, à raison des actes confiés à leur ministère.

ARTICLE 68.

Les dispositions du décret du 17 mars 1809, concernant les six huissiers attachés à la cour de justice criminelle du département de la Seine, continueront à être exécutées à l'égard des huissiers qui seront attachés au service criminel près notre cour impériale de Paris et jusqu'à ce qu'il en soit autrement ordonné par nous.

ARTICLE 69.

En exécution de l'article 120 de notre décret

du 6 juillet 1810, notre grand juge ministre de la justice, après avoir pris l'avis de nos cours impériales qui lui transmettront leurs délibérations, nous présentera d'ici au 1er janvier 1812 un rapport, — sur l'organisation en communauté des huissiers résidant et exploitant dans chaque arrondissement communal ; — sur le nombre d'huissiers qui doivent être attachés au service des audiences de nos cours et tribunaux ; — sur les indemnités qu'il pourra y avoir lieu d'accorder aux huissiers audienciers pour leur service particulier ; — sur les réglements de police et de discipline nécessaires pour tous ; — et sur l'établissement d'une bourse commune entre tous les membres de chaque communauté d'arrondissement.

Un décret du 14 juin 1813 a réglé l'organisation et le service des huissiers.

Les divers chapitres de ce décret traitent :

De la nomination et du nombre des huissiers ;

De leur résidence ;

De leurs attributions ;

De leurs devoirs ;

De la réunion des huissiers en communauté d'arrondissement ;

De l'organisation de la chambre de discipline ;

Des attributions de cette chambre et de ses officiers ;

De la forme de procéder dans cette chambre ;

De la bourse commune.

ARTICLE 70.

Lorsqu'il n'aura pas été délivré au ministère public des expéditions des actes ou jugements à signifier, les significations seront faites par les huissiers, sur les minutes qui leur seront confiées par les greffiers sur leurs récépissés, à la charge par eux de les rétablir au greffe dans les vingt-quatre heures qui suivront la signification, sous peine d'y être contraints par corps en cas de retard.

Lorsqu'un acte ou jugement aura été remis en expédition au ministère public, la signification sera faite sur cette expédition, sans qu'il en soit délivré une seconde pour cet objet.

Les copies de tous les actes, arrêts, jugements et pièces à signifier, seront toujours faites par les huissiers ou leurs scribes.

Dans beaucoup de tribunaux l'usage s'est introduit d'admettre les huissiers au greffe pour y faire la copie des jugements correctionnels ou de simple police, sans déplacement des minutes. Il en résulte un double avantage : celui de mieux assurer la conservation des minutes et celui d'étendre la faculté de signifier les jugements sans lever d'expédition, au cas même où la partie à laquelle la signification doit être faite résiderait très-loin du chef-lieu judiciaire. Cette manière de procéder a été recommandée par les circulaires des 16 août 1842 et 26 décembre 1845.

Cela n'a lieu toutefois que lorsque les significations doivent être faites par les huissiers résidant dans les villes où siége le tribunal.

Le mémoire du greffier de simple police doit indiquer le domicile des condamnés pour que l'on puisse vérifier si la signification ne devait pas être faite sur la minute. (Même circulaire.)

L'huissier chargé de signifier peut aussi bien que le greffier ajouter à la copie du jugement la formule nécessaire pour rendre ces jugements exécutoires. (Lettre minist. du 26 novembre 1845.)

Lorsque dans une affaire il y a un grand nombre d'accusés, on peut, par mesure d'économie, faire imprimer pour les notifications, l'arrêt de renvoi et l'acte d'accusation. Cette impression, préalablement autorisée par le ministre de la justice, est faite par les soins du procureur général et aux frais du trésor, sauf recouvrement. On ne saurait, pour charger les huissiers de pourvoir à cette impression, se fonder sur l'article 70 du décret qui n'est pas contraire à la mesure proposée par cette instruction et qui a pour but de prévenir, entre les huissiers et les greffiers, les conflits qui se sont parfois produits avec les avoués, à l'égard des copies de pièces. (Décision du 16 avril 1849.)

Les juges de paix doivent s'attacher à rédiger les jugements de simple police avec une concision telle qu'ils ne donnent lieu, en général, qu'à deux rôles d'expédition et *exceptionnellement* qu'à trois. Dans la vérification des mémoires produits par les greffiers et les huissiers, il ne sera alloué à l'avenir que deux rôles au plus pour l'expédition de ces jugements, à moins que par un avis motivé, le juge de paix ne fasse connaître qu'il y a eu nécessité de dépasser ce nombre. Les huissiers doivent prendre au greffe et sur la minute copie des jugements à signifier aux condamnés domiciliés dans le canton. Il ne faut signifier les jugements de simple police, qui ne prononcent pas la peine d'emprisonnement, qu'aux condamnés qui ont refusé d'acquiescer à un avertissement préalable du receveur de l'enregistrement. Les mémoires des huissiers doivent toujours faire mention de l'avertissement et de ce refus. (Circ. 15 déc. 1833, 16 août 1842, 26 déc. 1845, 18 janv. 1855.)

ARTICLE 71.

Les salaires des huissiers, pour tous les actes de leur ministère résultant du Code d'instruction criminelle et du Code pénal, sont réglés et fixés ainsi qu'il suit .

1° Pour toutes citations, significations, notifications, communications et mandats de comparution, dans les cas prévus par les articles 19, 34, 40, 62, 72, 80, 81, 91, 92, 94, 97, 100, 109, 110, 114, 116, 117, 128, 129, 130, 131, 134, 135, 145, 146, 149, 150, 151, 153, 157, 158, 160, 172, 174, 177, 182, 185, 186, 187, 188, 190, 193, 199, 203, 205, 212, 213, 214, 229, 230, 231, 232, 237, 239, 242, 248, 266, 269, 281, 292, 303, 321, 343, 354, 355, 356, 358, 361, 389, 395, 396, 397, 398, 415, 418, 421, 452, 454, 456, 462, 465, 466, 479, 487, 490, 492, 500, 507, 517, 519, 522, 528, 531, 532, 538, 546, 547, 548, du Code d'instruction criminelle, pour l'original seulement à Paris. . ,   1 f »

Dans les villes de 40,000 habitants et au-dessus. . . . . » 75

Dans les autres villes et communes. . . . . » 50

Toute citation ou signification faite à la requête de l'administration de l'enregistrement et qui aurait pour objet des poursuites dirigées à l'occasion du recouvrement des frais de justice à opérer sur les condamnés, est à la charge de cette administration, conformément à l'ordonnance du 3 novembre 1819 et à la circulaire du 7 décembre suivant.

Toutes les citations, significations, etc., faites dans l'intérêt des régies, administrations, établissements publics ou des communes, soit à leur requête, soit même d'office, sont à leur charge, conformément à l'article 158 du règlement du 18 juin 1811.

On ne doit passer en taxe qu'un seul original pour tous les témoins cités dans la même affaire et le même jour, lorsqu'ils demeurent dans la même commune ou dans des communes voisines, et un autre pour tous les prévenus auxquels des citations sont données dans de semblables circonstances.

Il n'est encore dû qu'un seul original pour les jurés cités le même jour, lorsqu'ils habitent la même commune ou des communes voisines, quand bien même le préfet aurait délivré autant d'extraits distincts de la liste qu'il y aurait de jurés à convoquer.

Il ne faut également allouer, dans chaque affaire, qu'un seul original pour la notification de la liste des jurés faite, conformément à l'article 394 du Code d'instruction criminelle, aux accusés qui doivent être jugés le lendemain ; il convient, en pareil cas, de notifier la liste telle qu'elle a été formée par le président des assises, ce qui rend superflu la notification de la liste des jurés supplémentaires qui peuvent être appelés, soit au commencement, soit pendant le cours de la session, pour compléter le jury. Cette notification, faisant connaître aux accusés le jour où ils doivent être jugés, tout acte qui aurait le même objet est inutile et frustratoire.

Quant aux mandats, quelle qu'en soit la nature, on doit faire et passer en taxe un original pour chacun des individus auxquels ils sont notifiés.

On doit en général s'abstenir de notifier :

1° Les décrets ou les arrêtés des directeurs généraux des administrations publiques, portant autorisation de mettre en jugement des agents du gouvernement;

2° Les ordonnances portant renvoi en police correctionnelle ou en simple police ; dans ce cas, la citation donnée au prévenu suffit ;

3° Les jugements préparatoires ou interlocutoires ;

4° Les ordonnances, jugements ou arrêts portant renvoi des poursuites, absolution ou acquittement des prévenus ou accusés ; sauf, lorsqu'il y a appel ou pourvoi en cassation de la part du ministère public, à notifier cet appel ou ce pourvoi aux individus absous ou acquittés ;

5° Les jugements correctionnels portant condamnation, lorsqu'ils sont contradictoires ;

6° Les jugements de simple police rendus en dernier ressort ;

7° Les arrêts de la cour de cassation qui intéressent des individus détenus. On doit se borner à leur donner connaissance de ces arrêts dans la forme indiquée par le § 2 de l'article 418 du Code d'instruction criminelle ; mais si les individus qui ont été l'objet des poursuites sont en liberté, et que la cour de cassation, en annulant la décision qui les concerne, les ait renvoyés devant d'autres juges, il est indispensable de leur notifier l'arrêt rendu à ce sujet ;

8° Les copies de pièces qui sont délivrées gratuitement aux accusés.

D'après l'article 147 du Code d'instruction criminelle, les

individus prévenus de contravention peuvent comparaître volontairement et sur un simple avertissement. Il convient de suivre ordinairement ce mode de convocation dans les affaires de simple police, et de ne recourir à la voie de la citation que lorsqu'il y a lieu de croire que l'avertissement ne suffirait pas, ou que déjà il aurait été donné en vain.

On ne doit également appeler que par un simple avertissement les médecins, experts, etc., soit qu'ils doivent accompagner le procureur impérial ou ses auxiliaires, soit que leur ministère devienne nécessaire dans le cours de l'instruction ou pendant les débats.

2° Pour chaque copie des actes ci-dessus désignés, à Paris . . . . » 75

Dans les villes de 40,000 habitants et au-dessus. . . . . » 60

Dans les autres villes et communes . . . . » 50

Lorsqu'il s'agit de faire la notification, prescrite par l'article 389 du Code d'instruction criminelle, l'huissier ou l'agent de la force publique, qui en est chargé et qui ne trouve pas la personne que cette notification concerne, n'est point tenu de faire une double signification, et, par conséquent, de remettre deux copies, l'une au domicile du citoyen appelé pour remplir les fonctions de juré, et l'autre au domicile du maire ou de l'adjoint, qui est obligé de lui en donner connaissance. Une seule signification et une seule copie sont suffisantes, attendu que si l'huissier ne trouve personne au domicile, il doit laisser la copie au maire ou à l'adjoint de la commune, qui visera l'original sans frais ; et celui-ci donnera connaissance de la notification à la 'personne citée.

S'agit-il de faire une notification à une personne dont le

domicile est inconnu, cette notification est valable si elle est faite dans la forme prescrite par l'article 69, numéro 8 du Code de procédure civile : Ainsi, quand un huissier est chargé de faire une notification dans une pareille circonstance, on ne peut se dispenser de lui allouer deux copies, dont une est affichée à la principale porte du tribunal, et l'autre remise au procureur impérial, en même temps qu'on lui fait viser l'original. (Cass. 8 avril 1826.)

3° Pour l'exécution des mandats d'amener, dans les cas prévus par les articles 40, 61, 80, 92, 237, 269, 355, 361 et 462 du Code d'instruction criminelle, y compris l'exploit de signification et la copie :

A Paris. . . . . 8 »
Dans les villes de 40,000 habitants et au-dessus. . . . . 6 »
Dans les autres villes et communes . . . . 5 »

4° Pour l'exécution des mandats de dépôt, aux cas prévus par les articles 34, 40, 61, 86, 100, 193, 214, 237, 248 et 490 du Code d'instruction criminelle, y compris l'exploit de signification et la copie :

A Paris . . . . 5 »
Dans les villes de 40,000 habitants et au-dessus. . . . . 4 »
Dans les autres villes et communes. . . . . 3 »

L'exécution, même forcée des mandats d'amener et de dépôt, ne donne jamais lieu aux droits de la capture. Ils sont dus pour le mandat d'arrêt, qui dès-lors ne doit être délivré qu'autant qu'il est indispensable. Les droits de capture ne sont dus *qu'au cas d'exécution forcée des jugements et des arrêts*, ils doivent être refusés quand la personne incarcérée se trouvait déjà sous la main de la justice ou quand elle s'est présentée volontairement, soit pour obéir au mandat d'amener délivré contre elle, soit pour subir la peine à laquelle elle a été condamnée. (Circ. 16 août 1842.) Cette distinction est nettement établie dans la circulaire du 22 avril 1850. Lorsqu'un individu est déjà arrêté d'une manière quelconque, l'exécution du mandat de dépôt, ne donnant lieu qu'à une simple notification, l'huissier ne doit recevoir que le salaire déterminé pour ces sortes d'actes. Lorsque l'inculpé n'est pas en état d'arrestation ou lorsqu'il s'agit d'exécuter un mandat de dépôt décerné contre un individu qui se trouve en présence de la justice, sans être cependant en état d'arrestation, tel par exemple que le témoin dont la déposition paraît fausse, ou tel que le prévenu d'un délit commis à l'audience, il y a signification de l'acte, et, de plus, capture, arrestation de la personne, c'est-à-dire exécution complète du mandat. L'huissier a droit alors au salaire fixé pour l'exécution du mandat de dépôt. Cette distinction importante exige que les huissiers, dans leurs mémoires, n'omettent jamais de faire mention de l'exécution.

L'article 330 du Code d'instruction criminelle, qui autorise le président de la cour d'assises à ordonner l'arrestation immédiate d'un témoin dont la déposition paraît fausse, appartient également aux tribunaux correctionnels. (Cass. 3 mai 1849.) Le président de la cour d'assises délivre un mandat d'arrêt, le président du tribunal correctionnel un mandat de dépôt. Quand un mandat d'amener et un mandat de dépôt ont été successivement décernés contre le même individu, l'huissier ne doit pas manquer de faire connaître la date précise de leur mise à exécution, attendu que quand ces mandats sont exécutés dans les mêmes vingt-quatre heures, il n'y a lieu d'allouer pour les deux qu'un seul salaire. (De Dalmas.)

5° Pour la capture de chaque prévenu, accusé ou condamné, en exécution d'un mandat d'arrêt, ordonnance de prise de corps, arrêts ou jugements quelconques emportant saisie de la personne, y compris l'exploit de signification, la copie et le procès-verbal de perquisition, lors même qu'il s'agirait de l'exécution d'un seul mandat d'arrêt, ordonnance de prise de corps, arrêts ou jugements, qui concerneraient plusieurs individus, et dans les cas prévus par les articles 80, 94, 109, 110, 134, 157, 193, 214, 231, 232, 237, 239, 343, 355, 361, 452, 454, 456, 500 et 522 du Code d'instruction criminelle, et par les articles 46 et 52 du Code pénal, savoir :

A Paris............................... 21 »

Dans les villes de 40,000 habitants et au-dessus.............................. 18 »

Dans les autres villes et communes.... 15 »

La capture d'un individu, condamné à un emprisonnement n'excédant pas cinq jours, ne donne droit, pour l'huissier ou l'agent de la force publique qui l'a opérée, qu'à la taxe fixée par le numéro 1er de l'article 6 du décret du 7 avril 1813, soit que l'emprisonnement ait été ordonné par un jugement, soit qu'il l'ait été par un arrêt. (Art. 1er, ordonnance du 6 août 1823.)

Le droit à allouer aux huissiers, gendarmes, gardes champêtres ou forestiers ou agents de police, suivant le mode et dans les cas prévus par les articles 71, numéro 5, et 77 du réglement, demeuré fixé de la manière suivante, savoir :

1° Pour capture ou saisie de la personne, en exécution d'un jugement de simple police, sans qu'il puisse être alloué aucun droit de perquisition,

A Paris. . . . . , ...   5 fr.
Dans les villes de 40,000 âmes et au-dessus. . .   4
Dans les autres villes et communes.   3

2° Pour capture, en exécution d'un mandat d'arrêt ou d'un jugement ou arrêt en matière correctionnelle, emportant peine d'emprisonnement,

A Paris. . . . .   18 fr.
Dans les villes de 40,000 âmes et au-dessus. . .   15
Dans les autres villes et communes.   12

3° Pour capture, en exécution d'une ordonnance de prise de corps ou arrêt portant la peine de la réclusion,

A Paris. . . . .   21 fr.
Dans les villes de 40,000 âmes et au-dessus. . .   18
Dans les autres villes et communes.   15

4° Pour capture, en exécution d'un arrêt de condamnation aux travaux forcés ou à une peine plus forte,

A Paris. . . . .   30 fr.
Dans les villes de 40,000 âmes et au-dessus . .   25
Dans les autres villes et communes.   20
(Art. 6 du décret du 7 avril 1813.)

Lorsque les condamnés se présentent d'eux-mêmes pour subir la peine d'emprisonnement, il n'est dû aucun droit de capture à l'huissier ou à l'agent de la force publique qui l'accompagne. (Décis. 13 septembre 1832.)

Il n'est pas dû de capture pour l'arrestation des condamnés

évadés, autres que les forçats et les déserteurs. ... n'en est pas dû non plus pour les arrestations opérées en vertu de la feuille des signalements émanés du ministère de l'intérieur. (Décis. 12 mars 1822.)

On doit recouvrer sur les condamnés, en matière de simple police et de police correctionnelle, les frais de capture de ces condamnés, attendu que l'article 162 du réglement du 18 juin 1811, ne met à la charge de l'État que les dépenses relatives à l'exécution des arrêts criminels, ce qui doit s'entendre seulement des dépenses qui sont l'objet du chapitre II titre Ier de ce réglement, et qui n'ont rien de commun avec les frais de capture des condamnés.

Dans le but d'arriver à ce recouvrement, toutes les fois, qu'il s'agit de faire exécuter un jugement au moyen de la capture du condamné, le ministère public près le tribunal qui a prononcé la condamnation, doit requérir, en vertu de l'article 163 du décret du 18 juin 1811, un exécutoire supplémentaire pour obtenir le remboursement des droits de capture. Cet exécutoire est ensuite remis au receveur de l'enregistrement. (Circul. minist. 27 juin 1835, 29 avr'l 1853 et 1er avril 1854.)

Si la capture a lieu à l'occasion de poursuites dirigées contre un condamné pour obtenir le remboursement des frais de la procédure, le coût est à la charge de l'administration de l'enregistrement conformément à l'ordonnance du 3 novembre 1819 et à la circulaire du 7 décembre suivant.

La capture des délinquants condamnés à des amendes, restitutions, dommages-intérêts et frais, en matière criminelle, correctionnelle et de police, ne donne droit aux gendarmes qui l'ont opérée qu'à la taxe fixée par le numéro 1er de l'article 6 du décret du 7 avril 1813. (Ordon. 19 janvier 1846.)

Les huissiers qui exerceraient la contrainte par corps, même en matière forestière, devraient toucher la taxe réglée par le numéro 2 de l'article 6 du décret du 7 avril 1813, si la condamnation était émanée de la juridiction correctionnelle, et encore qu'elle ne fût que pécuniaire; l'ordonnance du 25 février 1832 n'ayant réduit, que quant aux gendarmes, l'indemnité de la capture allouée en pareil cas. (De Dalmas.)

6° Pour l'extraction de chaque prisonnier, sa conduite devant le juge et sa réintégration dans la prison :

A Paris.............................. » 75

Dans les villes de 40,000 âmes et au-dessus................................. » 60

Dans les autres villes et communes.... » 50

Il ne peut être alloué aux huissiers aucun droit d'extraction lorsqu'il s'agit d'un accusé qui est transféré de la maison d'arrêt dans la maison de justice. La taxe fixée par ce numéro n'est allouée que pour l'extraction d'un prisonnier qui doit comparaître devant le juge ou aux débats.

Le salaire alloué par ce paragraphe ne doit pas être alloué quand le prévenu ou l'accusé est emmené hors du prétoire, soit pendant que la séance est suspendue et doit être reprise le même jour, soit pendant qu'on interroge ses co-prévenus ou ses co-accusés, et qu'on entend des témoins qu'on juge nécessaire de faire déposer hors de sa présence. Le salaire ne doit donc être alloué qu'une fois pour chaque prévenu ou accusé, pour chacune des audiences employées aux débats du procès. (Circ. 16 août 1842.)

Quand un accusé est extrait de la maison de justice pour être conduit à la cour d'assises, c'est aux gendarmes et non aux huissiers qu'il appartient de mettre les menottes à cet accusé, si cette mesure est nécessaire. Il en est de même quand un prévenu est conduit devant le juge d'instruction, et il doit en être ainsi quand le prévenu est amené à l'audience de police correctionnelle, soit pour y recevoir jugement, soit pour y être entendu comme témoin dans un autre procès, ou pour y fournir des renseignements. (Décision du 30 juillet 1828.) Elle est fondée sur ce que les gendarmes étant responsables de l'évasion, ils doivent être les seuls juges des moyens à employer pour la prévenir, d'où suit que l'emploi de ces moyens quels qu'ils soient, ne peut être confié qu'à eux. (De Dalmas.)

7° Pour le procès-verbal de perquisition dont il est fait mention dans l'article 109 du Code d'instruction criminelle, et qui n'est pas suivie de capture, y compris l'exploit de signification et la copie du mandat d'arrêt, de l'ordonnance de prise de corps ou de l'arrêt ou jugement qui auront donné lieu à la perquisition, savoir :

A Paris...............................	6	»
Dans les villes de 40,000 âmes et au-dessus...................................	4	»
Dans les autres villes et communes.....	3	»

Voir les articles 75 et 76 ci-après.

8° Pour la publication à son de trompe ou de caisse et les affiches de l'ordonnance qui, aux termes des articles 465 et 466 du Code d'instruction criminelle, doit être rendue et publiée contre les accusés contumax, y compris le procès-verbal de la publication, savoir :

A Paris............................... 18   »
Dans les villes de 40,000 âmes et au-
dessus............................... 15   »
Dans les autres villes et communes.... 12   »

L'ordonnance du président article 465 du Code d'instruction crim'nelle, doit : 1° être notifiée au dernier domicile
de l'accusé ; 2° publiée, le dimanche qui suit sa date, à son
de trompe ou de caisse ; 3° affichée à la porte du dernier domicile de l'accusé (le dernier domicile est celui où il acquit-
tait sa contribution mobilière) ; 4° affichée à la porte du
maire et non à la porte de la mairie, article 466. (Arrêt du
24 juin 1833.)

Le visa du maire est une formalité indispensable.

Nota : Il ne suffit pas de notifier l'arrêt de renvoi et
l'acte d'accusation au parquet du tribunal de première instance dans le ressort duquel demeure le contumax, il faut
encore la notification et l'affiche au parquet de la cour d'assises qui doit le juger. (Arrêt du 6 janvier 1863.)

Le paragraphe 1er de l'article 71 accorde un salaire pour
la *notification* de l'ordonnance sus-énoncée, et le paragraphe
8 fixe un autre salaire pour la publication et l'affiche de la
même ordonnance, il y a lieu à cumul, seulement, comme
la publication et la notification doivent être faites dans les
mêmes lieux, il faut avoir soin qu'on y procède le même
jour, afin d'éviter de doubles indemnités de transport, que
les huissiers ne manqueraient pas de réclamer si on leur
permettait d'instrumenter à des époques différentes. Le
salaire fixé par le paragraphe 8 a été modifié par la loi ci-
après :

Le salaire des huissiers, tant pour l'apposition de chacun
des trois extraits de jugement de condamnation exigés **par**
la loi du 2 janvier 1850, article 472 du Code d'instruction

criminelle, que pour la rédaction de chacun des procès-verbaux constatant cette formalité, est ainsi réglé, savoir :

Art. 1er. A Paris. . . . . 3 fr.

Dans les villes de 40,000 âmes et au-dessus. . . 2 50

Dans les autres villes et communes 2

Art. 2. — Dans le cas de transport à plus de deux kilomètres, les officiers ministériels recevront l'indemnité de voyage fixée par l'article 91 du décret du 18 juin 1811 ;

Art. 3. — Cette dépense fera l'objet soit d'un mémoire spécial revêtu des formalités ordinaires, soit d'un article séparé dans les mémoires des frais de justice criminelle fournis par les huissiers. (Arrêté minist. 15 avril 1850.) Les frais de publication sont à la charge de l'huissier. (Voir ci-après l'art. 79.)

Le ministère public doit toujours requérir contre le contumax la condamnation aux frais. Les frais de procédure par contumace peuvent être recouvrés par l'administration lorsque l'arrêt de contumace en prononce la condamnation bien qu'il ait été suivi d'un arrêt contradictoire d'absolution ne renfermant aucune condamnation aux frais. Ces frais, lorsque l'arrêt de contumace en prononce la condamnation, peuvent être exigés des héritiers du contumax décédé dans les délais de grâce ; ils ne peuvent être réclamés, à défaut de titre, lorsqu'aucun arrêt n'a condamné le contumax aux frais. (Cass. 2 octobre 1830, 15 septembre 1837, circul. 16 juin 1855.)

9° Pour la lecture de l'arrêt de condamnation à mort, dont il est fait mention dans l'article 13 du Code pénal :

A Paris. . . . . 30 »

Dans les villes de 40,000 âmes et au-dessus. . . . . 24 »

Dans les autres villes et communes.... 18 »

10° Pour le salaire particulier des scribes, employés pour les copies de tous les actes dont il est fait mention ci-dessus, et de toutes les autres pièces dont il doit être donné copie, et ce, pour chaque rôle d'écriture de trente lignes à la page et de dix-huit à vingt syllabes à la ligne, non compris le premier rôle :

A Paris............................... » 50

Dans les villes de 40,000 âmes et au-dessus................................. » 40

Dans les autres villes et communes..... » 30

Les huissiers doivent énoncer dans leurs mémoires que le premier rôle de tous leurs actes, n'a pas été compris dans le nombre de ceux pour lesquels ils réclament un salaire. Il est de règle de n'allouer de rôles de copie pour les notifications de la liste des témoins que quand la liste contient plus de quinze témoins. On alloue un rôle lorsqu'elle contient de 16 à 45 ; deux rôles lorsqu'elle contient de 46 à 75, et trois rôles de 76 à 105, et ainsi de suite. (Décis. minist. 12 novembre 1819.)

Puisque les huissiers sont obligés de retrancher le premier rôle, ils n'ont évidemment rien à réclamer, lorsque la copie qu'ils signifient n'a pas plus d'un rôle ; ils ne peuvent alors compter d'autres droits que ceux de l'exploit et des copies de l'exploit.

Lorsque dans la *même affaire* il y a lieu de signifier en même temps les copies de plusieurs pièces qui, prises séparément, ne fourniront pas chacune un rôle, il convient d'allouer à l'huissier le nombre de rôles que donnent toutes les copies réunies, déduction faite du premier. (Décis. du 21 novembre 1827.)

Aux termes de la circulaire du 30 décembre 1812, les copies qui seraient données avec les citations aux témoins et aux prévenus des cédules, réquisitoires, ordonnances, procès-verbaux, rapports et autres pièces semblables doivent être déclarées abusives et frustratoires, il n'y a d'exception que pour les procès-verbaux qui font foi jusqu'à inscription de faux, comme en matière de contributions indirectes, de douanes, de forêts, de pêche et pour les pièces dont la loi ordonne expressément de donner copie.

Le décret impérial du 30 juillet 1862 a fixé comme il suit le nombre de lignes et de syllabes que doivent contenir les copies des exploits, celles des significations d'avoués à avoués, et de significations de tous jugements, actes ou pièces :

Sur le petit papier (feuille et demi-feuille.) — 30 lignes à la page et 30 syllabes à la ligne ;

Sur le moyen papier. — 35 lignes à la page et 35 syllabes à la ligne ;

Sur le grand papier. — 40 lignes à la page et 40 syllabes à la ligne ;

Sur le grand registre. — 45 lignes à la page et 45 syllabes à la ligne ;

11° Pour assistance à l'inscription de l'écrou, lorsque le prévenu se trouve déjà incarcéré, et pour la radiation de l'écrou dans tous les cas :

A Paris............................... 1   »

Dans les villes de 40,000 âmes et au-dessus................................ » 75

Dans les autres villes et communes..... » 50

Les articles 608 et 610 du Code d'instruction criminelle, qui déterminent les formalités nécessaires pour la régularité des actes, l'inscription ou la radiation d'écrou sur les registres des prisons, maisons d'arrêt et de justice, n'exigent pas l'assistance des huissiers, déjà il a été décidé que sauf une exception peu importante, les huissiers ne seraient plus employés pour les mises en liberté. Cette mesure sera, à l'avenir, appliquée à tous ces cas. Et, le ministère des huissiers ne sera plus requis, ni pour l'inscription ni pour la radiation de l'écrou des prévenus, accusés ou condamnés. Cette mesure, purement fiscale, n'altérera pas la régularité des registres d'écrou, car l'intervention des huissiers n'est que purement nominale, et la surveillance des procureurs impériaux et des juges d'instruction, forme la seule et véritable garantie du respect des droits de la justice et des citoyens. (Circ. 10 mars 1855.)

Il doit être délivré au gardien-chef, un extrait du jugement de condamnation, même à l'égard des condamnés qui ne quittent pas la maison où ils se trouvent détenus. (Art. 609, Code inst. crim.)

ARTICLE 72.

Il ne sera alloué aucune taxe aux agents de la force publique pour raison des citations, notifications et significations dont ils seront chargés par les officiers de police judiciaire et par le ministère public.

(Décret du 1er mars 1854, art. 105.) Les mandements de justice peuvent être notifiés aux prévenus, et mis à exécution par les gendarmes.

107. — La gendarmerie ne peut être employée à porter des citations aux témoins appelés devant les tribunaux que

dans le cas d'une nécessité urgente et absolue. Il importe que les militaires de cette arme ne soient point détournés de leurs fonctions pour ce service, lorsqu'il peut être exécuté par les huissiers et autres agents.

108. — La notification des citations adressées aux jurés, appelés à siéger dans les hautes cours de justice et dans les cours d'assises, est une des attributions essentielles de la gendarmerie. Cette notification a lieu sur la réquisition de l'autorité administrative.

ARTICLE 73.

Si un mandat d'amener et un mandat de dépôt ont été décernés dans les mêmes vingt-quatre heures contre le même individu, et par le même magistrat, il n'y aura pas lieu de cumuler et d'allouer aux huissiers la taxe ci-dessous établie pour l'exécution des deux mandats ; mais audit cas, il leur sera alloué pour toute taxe, savoir :

A Paris............................... 10 »
Dans les villes de 40,000 habitants et au-dessus............................... 8 »
Dans les autres villes et communes.... 6 »

Lorsqu'un mandat d'amener sera suivi d'un mandat de dépôt, et que l'un et l'autre auront été exécutés dans les mêmes vingt-quatre heures par le même huissier, il ne sera alloué à l'huissier, pour l'exécution de ces deux mandats, que le droit fixé par l'article 73 du réglement, quand bien même les deux mandats n'auraient pas été décernés dans les mêmes vingt-quatre heures, ni par le même magistrat. (Art. 5 du décret du 7 avril 1813.)

9

ARTICLE 74.

Lorsque des individus contre lesquels il aura été décerné des mandats d'arrêt et ordonnances de prise de corps, ou rendu des arrêts ou jugements emportant saisie de la personne, se trouveront déjà arrêtés d'une manière quelconque, l'exécution des actes ci-dessus à leur égard ne sera payé aux huissiers qu'au taux réglé par le numéro Ier de l'article 71 pour les citations, notifications et significations.

Il en sera de même pour l'exécution des mandats d'amener, lorsque l'individu se trouvera arrêté, lorsqu'il se sera présenté volontairement ou qu'il n'aura pas été saisi.

Les droits dans ces deux cas ne sont :

Pour Paris que de . . . . 1^f »
Dans les villes de 40,000 habitants et au-dessus. » 75
Dans les autres villes et communes . . . . » 50

Et pour la copie des actes mentionnés dans l'article 74 :

A Paris.. . . . . » 75
Dans les villes de 40,000 habitants et au-dessus. » 60
Dans les autres villes et communes . . . . » 50

Cet article 74 est applicable au cas prévu par l'article 33 du Code d'instruction criminelle ; ainsi l'on ne doit accorder qu'un simple droit de notification à l'huissier chargé d'exécuter le mandat d'arrêt décerné par le président de la cour d'assises contre un témoin dont la déposition paraît fausse.

En faisant notifier par les gendarmes, on n'aura rien à payer. (Art. 105 du décret du 1er mars 1854.)

ARTICLE 75.

Les huissiers ne dresseront un procès-verbal de perquisition qu'en vertu d'un mandat d'arrêt, ordonnance de prise de corps, arrêt ou jugement de condamnation à peine afflictive ou infamante ou à l'emprisonnement.

Les huissiers devront indiquer, dans leurs mémoires, le mandement de justice, en vertu duquel les procès-verbaux de perquisition auront été dressés.

Les jugements de simple police ne peuvent donner lieu à aucun droit de perquisition (voir le n° 1er de l'art. 6 du décret du 7 avril 1813); il doit en être ainsi de tous les arrêts et jugements qui ne prononcent que des peines n'excédant pas la durée des peines de simple police. (Voir art. 71, § 7.)

ARTICLE 76.

Il ne sera payé, dans une même affaire, qu'un seul procès-verbal pour chaque individu, quel que soit le nombre des perquisitions qui auront été faites dans la même commune.

On ne peut payer qu'un seul procès-verbal de perquisition pour chaque individu, quel que soit le nombre des perquisitions faites dans la même commune, lorsque c'est d'après le même acte ou mandement de justice qu'elles ont lieu. Mais il doit en être payé plus d'un si les perquisitions ont été faites en vertu d'actes différents.

ARTICLE 77.

Si, malgré les perquisitions faites par l'huissier, le prévenu, accusé ou condamné n'est point arrêté, une copie en forme du mandat d'arrêt, de l'ordonnance de prise de corps, de l'arrêt ou jugement de condamnation, sera adressée au commissaire général de police, ou, à son défaut, au commandant de la gendarmerie, et, à Paris, au préfet de police.

Le préfet, les commissaires centraux de police et les commandants de la gendarmerie, donneront aussitôt, à leurs subordonnés, l'ordre d'assister les huissiers dans leurs recherches et de les aider de leurs renseignements.

Enjoignons aux agents de la force publique et de la police de prêter aide et main forte aux huissiers, toutes et quantes fois qu'ils en seront par eux requis, et sans pouvoir en exiger aucune rétribution, à peine d'être poursuivis et punis suivant l'exigence du cas.

Néanmoins, lorsque les gendarmes ou agents de police, porteurs de mandements de justice, viendront à découvrir, hors la présence des huissiers, les prévenus, accusés ou condamnés, ils les arrêteront et les conduiront devant le magistrat compétent ; et, dans ce cas, le droit de capture leur sera dévolu.

De tous les droits alloués aux huissiers, il n'y a de dévolu, d'après les articles 72 et 77 du réglement du 18 juin 1811, aux gendarmes, gardes champêtres ou forestiers, et autres agents de la force publique, que ceux de capture auxquels donnent lieu les arrestations faites hors la présence des huissiers, en exécution d'un mandat d'arrêt, d'une ordonnance de prise de corps, d'un arrêt ou jugement de condamnation. Il n'est rien dû pour l'exécution des mandats d'amener et de dépôt.

Le droit de capture n'est pas dû aux gendarmes qui ont opéré l'arrestation d'individus frappés d'une condamnation ou placés sous le coup d'un mandat d'arrêt, lorsque l'arrestation n'a pas eu pour cause le jugement ou le mandat. (Décision du 8 octobre 1850.) Il n'est pas dû non plus d'indemnité pour les individus arrêtés, compris dans les listes ou feuilles de signalements que le ministère transmet périodiquement dans les départements.

Les droits de capture, dont il vient d'être parlé, sont fixés par l'article 6 du décret du 7 avril 1813 et l'article 1er de l'ordonnance du 6 août 1823. (Voir *Supra*, art. 71, § 5.)

La capture d'un individu condamné à un emprisonnement n'excédant pas cinq jours, ne donnant droit qu'à la taxe fixée par le numéro 1er du décret du 7 avril 1813, les mémoires doivent indiquer, dans tous les cas, la durée de la peine prononcée, pour justifier la régularité des droits réclamés.

Par suite de mesures concertées entre les ministères de la guerre et de la justice, les indemnités dues à la gendarmerie, autres que celles qui doivent être acquises par les gendarmes et acquittées sur simple taxe du juge, sont payées sur l'acquit des membres du conseil d'administration, qui a un compte ouvert avec les gendarmes. Les gendarmes, dans chaque arrondissement, dressent des mémoires en double expédition, dont une doit être sur papier timbré quand le mémoire s'élève au-dessus de dix francs. Ces mémoires sont revêtus du réquisitoire et de l'exécutoire des magistrats ; ils sont remis au conseil d'administration, qui met son acquit au bas de chacun des mémoires, afin que la dépense soit payée chez le receveur établi dans le lieu où cette dépense est liquidée. (Instruction de l'administration de l'Enregistrement du 29 août 1836, n° 1529.)

Les pièces à produire à l'appui des ordonnances et mandats de payement sont :

1° Un mémoire en double expédition, dont un sur timbre, s'il y a lieu, dressé par les gendarmes capteurs, sous la forme du modèle numéro 19, annexé ci-après, et **acquittés** par les membres du conseil d'administration ;

2° Le procès-verbal de capture.

Les autres agents de la force publique doivent fournir **un** mémoire (T) payable sur leur acquit individuel et **revêtu** préalablement d'un réquisitoire et d'un exécutoire.

ARTICLE 78.

Le salaire des recors sera toujours à la charge des huissiers qui les auront employés.

ARTICLE 79.

Il en sera de même des frais pour la publication à son de trompe ou de caisse, prescrite par l'article 466 du Code d'instruction criminelle.

Voir le numéro 8 de l'article 71 ci-dessus.

ARTICLE 80.

Lorsque les dites publications et affiches se feront dans deux communes différentes, chacun des deux huissiers, qui en seront chargés, ne recevra que la moitié de la taxe fixée par l'article 71, numéro 8.

Ainsi, dans les cas prévus par l'article 80, la taxe n'est, pour chaque huissier,

A Paris, que de. . . . . 9 fr.
Dans les villes de 40,000 âmes et au dessus, que
de. 7
Dans les autres villes et communes, que de 6

ARTICLE 81.

Les frais de voyage et de séjour des huissiers seront alloués ainsi qu'il sera dit dans le chapitre VIII ci-après.

ARTICLE 82.

Le ministère de la justice fera dresser et parvenir à nos procureurs des modèles des mémoires que les huissiers auront à fournir pour la répétition de leurs salaires, et les huissiers seront tenus de s'y conformer exactement, sous peine de rejet de leurs mémoires.

Ce modèle est celui porté sous le numéro 18, on ne doit
point faire de mémoires séparés pour les affaires criminelles, pour les affaires correctionnelles ou de simple police.
Tous les actes et toutes les diligences, faites par un huissier, quelle que soit la matière, doivent être portés dans le
mémoire, par ordre de dates et de numéros; autrement le
mémoire serait rejeté.

ARTICLE 83.

Pour faciliter la vérification de la taxe des mémoires des huissiers, il sera tenu au parquet de
nos cours et tribunaux un registre des actes de
ces officiers ministériels. On y désignera sommairement chaque affaire ; et, en marge ou à la suite
de cette désignation, on relatera, par ordre de
dates, l'objet et la nature des diligences, à mesure
qu'elles seront faites, ainsi que le montant du salaire qui y est affecté.

Nos procureurs examineront en même temps
les écritures, afin de s'assurer qu'elles comprennent le nombre de lignes à la page et de syllabes
à la ligne, prescrit par l'article 71, numéro 10, et
ils réduiront au taux convenable le prix des écritures qui ne seraient pas dans la proportion établie par ledit article.

L'exécution de cet article a été recommandé plusieurs
fois, parce qu'il est impossible de s'assurer autrement que
les huissiers se conforment au tarif.

ARTICLE 84.

Nos procureurs et les juges d'instruction ne pourront user, si ce n'est pour des causes graves, de la faculté qui leur est accordée par la loi du 25 janvier 1805 (5 pluviose an XIII), de charger un huissier d'instrumenter hors du canton de sa résidence ; ils seront tenus d'énoncer ces causes dans leur mandement, lequel contiendra, en outre, le nom de l'huissier, la désignation du nombre et de la nature des actes et l'indication du lieu où ils devront être mis à exécution.

Le mandement sera toujours joint au mémoire de l'huissier.

§ II. — *De la résidence des huissiers.*

Art. 15. — Les huissiers audienciers seront tenus, à peine d'être remplacés, de résider dans la ville où siégent les cours et tribunaux près desquels ils devront faire respectivement leur service.

Art. 16. — Les huissiers ordinaires seront tenus, sous la même peine, de garder la résidence qui leur aura été assignée par le tribunal de première instance.

Art. 17. — La résidence des huissiers ordinaires sera, autant que faire se pourra, fixée dans les chefs-lieux de canton.

Art. 18. — Si des circonstances de localité ne permettent point l'établissement d'un huissier ordinaire dans le chef-lieu de canton, le tribunal de première instance la fixera dans l'une des communes les plus rapprochées du chef-lieu.

Art. 19. — Dans les communes divisées en deux arrondissements de justice de paix ou plus, chaque huissier ordinaire sera tenu de fixer sa demeure dans le quartier que le tribunal de première instance jugera convenable de lui indiquer à cet effet.

§ III. — *Attributions des huissiers. — Droit d'exploiter, etc.*

Art. 28. — Tous exploits et actes du ministère d'huissier près les justices de paix et les tribunaux de police seront faits par les huissiers ordinaires employés au service des audiences.

A défaut ou en cas d'insuffisance des huissiers ordinaires du ressort, lesdits exploits et actes seront faits par les huissiers ordinaires de l'un des cantons les plus voisins.

Art. 29. — Défenses itératives sont faites à tous huissiers, sans distinction, d'instrumenter, en matière criminelle ou correctionnelle, hors du canton de leur résidence, sans un mandement exprès délivré conformément à l'article 84 du décret du 18 juin 1811.

Art. 30. — Nos procureurs près les tribunaux de première instance et les juges d'instruction ne pourront délivrer de pareils mandements que pour l'étendue du ressort du tribunal de première instance.

Art. 31. — Nos procureurs près les tribunaux de première instance, chefs-lieux de cour d'assises, pourront ordonner le transport d'un huissier dans toute l'étendue du département.

Art. 33. — Le transport des huissiers, dans les divers départements du ressort de nos cours impériales, ne pourra être autorisé, dans des affaires criminelles, que par nos procureurs généraux près ces cours.

Art. 34. — En matière de simple police, aucun huissier

ne pourra instrumenter hors du canton de sa résidence, si
ce n'est dans le cas prévu par le second paragraphe de l'article 68 du présent décret, et en vertu d'une cédule délivrée
pour cet effet par le juge de paix.

Art. 35. — Dans tous les cas, où les réglements accordent aux huissiers une indemnité pour frais de voyage, il
ne sera alloué qu'un seul droit de transport pour la totalité
des actes que l'huissier aura faits dans une même course et
dans le même lieu.

Ce droit sera partagé en autant de portions égales entre
elles qu'il y aura d'originaux d'actes, et à chacun de ces
actes, l'huissier appliquera l'une desdites portions ; le tout à
peine du rejet de la taxe ou de restitution envers la partie,
et d'une amende qui ne pourra excéder 100 francs, ni être
moindre de 20.

Art. 36. — Tout huissier qui chargera un huissier d'une
autre résidence d'instrumenter pour lui, à l'effet de se procurer un droit de transport qui ne lui aurait pas été alloué
s'il eût instrumenté lui-même, sera puni d'une amende de
100 francs. L'huissier qui aura prêté sa signature sera
puni de la même peine. En cas de récidive, l'amende sera
double et l'huissier sera de plus destitué. Dans tous les cas,
le droit de transport, indûment alloué ou perçu, sera rejeté
de la taxe ou restitué à la partie.

Il résulte des dispositions de ces articles, à l'égard *des
mandements exprès*, que tous les huissiers, sans exception,
ne peuvent instrumenter, en matière criminelle ou correctionnelle, hors du canton de leur résidence, sans un mandement exprès, qui ne peut être délivré que par les officiers
du ministère public et par les juges d'instruction.

Néanmoins, la circulaire du 23 septembre 1812 a autorisé une mesure qui doit être maintenue et étendue autant
que possible, parce qu'elle est avantageuse sous le rapport

de l'économie et de la célérité du service dans l'instruction des affaires. Les huissiers faisant le service auprès des tribunaux d'arrondissement peuvent faire tous les exploits et significations en matière criminelle et correctionnelle, dans l'étendue du ressort, en se contentant du salaire et des frais de transport qui seraient alloués à l'huissier résidant dans le canton où la citation doit être donnée.

Dans les cours et tribunaux où cet arrangement sera pris, les huissiers n'auront pas besoin de mandements exprès qui ne sont nécessaires que pour justifier le paiement des frais de transports extraordinaires que l'huissier aurait à réclamer.

Les juges de paix n'ont pas le droit de donner des mandements exprès pour faire citer devant eux des témoins domiciliés dans un autre canton.

Les commissaires de police et les maires ou adjoints, qui remplissent les fonctions du ministère public près les tribunaux de simple police, n'ont pas plus le droit que les juges de paix de délivrer des mandements exprès.

Tous les frais réclamés par les huissiers pour l'exécution de pareils mandements doivent être rejetés de leurs mémoires.

Dans le nombre des magistrats qui ont le droit de donner des mandements exprès (les juges d'instruction et les officiers du ministère public), il en est plusieurs qui les motivent sur l'urgence, ce qui ne laisse aucun moyen de vérifier si cette augmentation de dépense n'est point autorisée trop légèrement.

Cette vague allégation de l'*urgence* ne prouve, presque toujours, que l'impossibilité d'énoncer les causes véritablement graves, suivant le vœu des réglements. Tout mandement délivré dans cette forme, sera regardé comme nul et de nul effet, et le magistrat qui l'aura délivré sera responsable de la dépense.

Enfin, beaucoup de mandements exprès sont motivés sur ce qu'aucun huissier ne réside dans les cantons où les actes doivent être faits. L'article 16 du décret du 14 juin 1813, ci-dessus rappelé, prescrit aux huissiers, sous peine d'être remplacés, de garder la résidence qui leur est assignée par le tribunal de première instance. Les deux articles suivants décident que cette résidence sera fixée, autant que faire se pourra, dans les chefs-lieux de canton, et que, si des circonstances de localité ne permettent pas l'établissement d'un huissier ordinaire au chef-lieu de canton, le tribunal le fixera dans l'une des communes les plus rapprochées du chef-lieu.

D'après ces dispositions, il est évident que les huissiers doivent être répartis de manière qu'il y en ait au moins un dans chaque canton.

Les magistrats du ministère public doivent veiller à l'exécution de cette partie des réglements.

Les officiers du parquet et les juges d'instruction ont seuls, ainsi qu'on vient de le voir, le droit de délivrer des mandements exprès, et les voyages que feraient des huissiers hors de leur canton, en vertu de mandements exprès délivrés par tous autres fonctionnaires et notamment par les préfets et sous-préfets, ne sauraient entrer en taxe. La notification des listes des jurés peut être faite par la gendarmerie et si le ministère des huissiers était quelquefois indispensable, et que les circonstances ne permissent pas d'employer ceux du canton ou demeurent les jurés, les administrations doivent, dans ce cas qui doit être fort rare, inviter les magistrats à délivrer des mandements exprès, (Décis. du 24 janvier 1826, art. 30 et suivants, décret du 14 juin 1813.)

La nécessité des mandements exprès ne se réfère toutefois, remarquons-le bien, qu'aux poursuites dirigées *par la partie publique* ; la partie civile peut faire assigner dans toute l'étendue du ressort de l'arrondissement par l'huissier qui lui convient, les prévenus qu'elle entend poursuivre (Argument, article 182, Code d'instruction criminelle), ainsi que les témoins. Les prévenus, comme les accusés ont assurément le même droit.

MANDEMENT EXPRÈS.

Nous, procureur impérial à

Vu le mandat de citation qui nous est adressé sous la date d'hier, par notre collègue de   à l'effet de citer pour l'audience des assises du   de ce mois, le nommé   demeurant à

canton de   comme témoin dans l'affaire du nommé   accusé de

Attendu que ce mandat nous est parvenu ce matin et qu'il serait impossible d'avertir à temps l'huissier de la résidence de

Vu l'urgence

Requérons X... huissier à   de se transporter immédiatement à   pour y notifier la citation susdite.

Au parquet de   le

Le procureur impérial.

ARTICLE 85.

Tout huissier qui refusera d'instrumenter dans une procédure suivie à la requête du ministère public, ou de faire le service auquel il est tenu près la cour ou le tribunal, et qui, après injonction à lui faite par l'officier compétent, persistera dans son refus, sera destitué, sans préjudice de tous dommages-intérêts et des autres peines qu'il aura encourues.

La présente disposition a été étendue avec justice par l'article 42 du décret du 14 juin 1813.

ARTICLE 86.

Les dispositions de l'article 64 ci-dessus sont communes aux huissiers, lesquels, en cas de contravention, seront poursuivis de la même manière par nos procureurs et sous les mêmes peines.

CHAPITRE VII.

Transport des magistrats.

ARTICLE 87.

Les frais de voyage et de séjour des conseillers des cours impériales, délégués dans les cas prévus par les articles 19 et 21 du décret du 30 janvier 1811, seront payés au taux réglé par ces mêmes articles.

Ordonnances 17 mai et 3 août 1832 :

Art. 1er. — Les conseillers délégués pour présider les assises ordinaires dans les villes qui ne sont point chefs-lieux de cour royale, recevront à compter du 1er avril 1832, un supplément de traitement, qui est fixé par trimestre comme il suit, savoir :

1° A sept cents francs : à Auxerre, Cahors, Nantes, Perpignan, Quimper, Reims, Rhodez, Strasbourg et Troyes; 2° à six cents francs : à Angoulème, Bourbon-Vendée, Carcassonne, Chartres, Périgueux, Saintes, Saint-Omer, Tours et Versailles ; 3° à cinq cents francs : à Albi, Alençon, Coutances, Digne, Draguignan, Laon, Melun, Mende, Mézières, Niort, Privas, le Puy, Saint-Brieuc et Vannes ; 4° à quatre cents francs : à Auch, Beauvais, Blois, Bourg, Carpentras, Châlons-sur-Saône, Châteauroux, Chaumont, Epinal, Evreux, Foix, Gap, Guéret, Laval, Lons-le-Saulnier, le Mans, Mont-de-Marsan, Montauban, Montbrison, Moulins, Nevers, Saint Flour, Saint-Michel, Tarbes, Tulle, Valence, Vesoul ;

« Art. 2. — Le conseiller qui, après avoir terminé les assises ordinaires d'un trimestre, sera appelé durant le même trimestre pour présider une assise extraordinaire, recevra, à raison de cette nouvelle présidence, une indemnité de dix francs par poste, pour frais de voyage et de nourriture en route, et de quinze francs par jour pour frais de séjour pendant la durée de l'assise. Cette indemnité sera payée sur mémoire comme frais de justice extraordinaires, en vertu d'un exécutoire délivré par le premier président de la cour royale sur la réquisition du procureur général. »

Dans le cas très-rare où un conseiller est délégué pour présider les assises de deux départements dans le même trimestre, il doit recevoir à raison de cette délégation, non-seulement dix francs par poste, mais encore 15 francs par jour pendant la durée des secondes assises, pour indemnité de séjour. Ces secondes assises sont, en effet, comme des assises extraordinaires, et alors l'article précité devient évidemment applicable (De Dalmas, 240. — Dalloz, frais et dépens n° 1122.)

Si l'ordonnance fixant l'ouverture des assises était rapportée, parce qu'il n'y aurait pas d'affaires, il ne serait dû ni indemnité fixe, ni aucune autre, à moins que le défaut d'affaires n'eût été constaté qu'après l'arrivée du président dans la ville où siège la cour d'assises, auquel cas on devrait, suivant M. de Dalmas, allouer à ce magistrat l'indemnité fixe ou variable, suivant qu'il s'agirait d'une assise ordinaire ou extraordinaire.

Si par suite de maladie ou de tout autre motif, un malheur de famille, le président des assises était forcé de s'abstenir de prendre part aux débats, il faudrait toujours, d'après le même auteur, s'en rapporter à la délicatesse du magistrat sur la question de savoir si l'indemnité doit être allouée ou refusée ; mais quand c'est un événement de force majeure qui s'oppose à l'accomplissement de sa mission, jamais on n'hésite à lui allouer l'indemnité.

ARTICLE 88.

Dans les cas prévus par les articles 32, 36, 43, 46, 47, 49, (50), 51, 52, 59, 60, 62, 83, 84, 87, 88, 90, 464, 488, 497, 511 et 616 du Code d'instruction criminelle, les juges et les officiers du ministère public recevront des indemnités ainsi qu'il suit :

S'ils se transportent à plus de cinq kilomètres de leur résidence, ils recevront pour tous frais de voyage, de nourriture et de séjour, une indemnité de neuf francs par jour ;

S'ils se transportent à plus de deux myriamètres, l'indemnité sera de douze francs.

Aux articles énumérés dans l'article 88, il faut ajouter les articles 228, 235, 236, 237, 377 et 484 ; et retrancher l'article 50, à raison duquel il n'y a jamais lieu d'allouer d'indemnités de transports.

D'après l'article 377 du code d'instruction criminelle, la déclaration d'un condamné à mort doit être reçue par un juge de l'arrondissement du lieu de l'exécution ; et ce juge a droit à l'indemnité accordée par l'article 88, si toutefois il se transporte à la distance déterminée par cet article.

L'indemnité accordée par l'article 88 est due dans tous les cas où les magistrats et les greffiers se transportent dans un lieu situé à plus de cinq kilomètres de la ville où siége le tribunal où ils font leur résidence, quoique ce lieu dépende du territoire communal de la ville. Il en est autrement pour les parties prenantes dont l'indemnité est fixée à raison de la distance parcourue. (Voir article 90.)

Lorsqu'un juge de paix se déplace, soit en vertu d'une délégation, soit spontanément en qualité d'officier de police auxiliaire, il n'a droit à une indemnité qu'autant qu'il existe une distance d'au moins cinq kilomètres entre le lieu du départ et le chef-lieu de la commune dans laquelle il veut opérer, quelle que soit la partie du territoire de cette commune où il est obligé de se rendre. (Décision 7 septembre 1813.) — Dans le cas où le juge de paix n'habiterait pas le chef-lieu de canton, la distance qu'il aurait parcourue devrait lui être comptée, de manière à ce que l'indemnité allouée n'excédât pas celle à laquelle il aurait eu droit s'il était parti du chef-lieu. — (Décisions, 30 juillet 1828 et 15 octobre 1832.)

Lorsque le premier président et le procureur général se transportent à plus de cinq kilomètres de leur résidence pour informer, d'ordre de la Cour, sur des crimes ou des délits, ils ont droit à l'indemnité. (Décision, 13 août 1832.)

Lorsqu'un conseiller va, par délégation de la cour d'appel, procéder à une information dans un chef-lieu d'arrondissement, il ne doit pas mener avec lui un greffier, puisqu'il peut se servir de celui du tribunal d'arrondissement. (Décision du 25 octobre 1825.) — Cette décision, qui semblait exclusive pour le magistrat de se faire assister d'un greffier de la Cour, a soulevé de nombreuses réclamations de la part de la magistrature. — M. de Dalmas, dans son supplément qui a paru en 1847 expliquant la décision de 1825, dit qu'elle ne prohibe pas l'emploi d'un greffier d'appel d'une manière absolue, qu'elle l'admet même implicitement, mais que le mode prescrit par la décision de 1825 est plus économique, et qu'autant que possible il faut s'y conformer.

M. de Dalmas examine ensuite la question de savoir (Supplément, page 1re et suivantes.) 1° Si le procureur général peut se transporter sur les lieux pour un crime ou un délit flagrant ; 2° s'il peut porter la parole devant les tribunaux correctionnels de son ressort, et résolvant ces questions négativement (ce droit n'appartenant qu'au procureur impérial et à ses substituts), il en conclut que si le procureur général se transportait dans les cas ci-dessus spécifiés, il n'aurait droit à aucune indemnité pour le transport. Il ne pourrait y avoir d'exception à ces principes que dans les cas prévus par les articles 479 et 483 du Code d'instruct. criminelle et par l'article 10 de la loi du 20 avril 1810.

Lorsque le substitut fait partie du parquet de la cour, il

suffit d'un simple ordre du procureur général pour qu'il se transporte et que l'indemnité soit due. Mais quand il est attaché à un tribunal, autre que celui qui siége dans la ville où se tiennent les assises, le déplacement doit être spécialement autorisé par le ministre, et alors l'indemnité qui lui est allouée ne peut être acquittée que comme frais extraordinaires de justice. (Décision du 4 février 1823.)

Les indemnités de voyage doivent toujours être calculées sur la distance qui existe entre le chef-lieu de l'arrondissement ou du canton où réside le magistrat et celui de la commune, sur le transport de laquelle le transport est effectué, en se conformant au tableau des distances, dressé en exécution de l'article 13 du décret du 18 juin 1811, et sans avoir égard à l'éloignement plus ou moins considérable de l'endroit où l'opération a été faite. L'exception pour les magistrats, introduite par l'article 77 de l'instruction générale du 30 septembre 1826, ne déroge à cette règle que dans le cas particulier, et d'ailleurs assez rare, où les officiers de justice se transportent dans un lieu situé à plus de cinq kilomètres de la ville où siége le tribunal où ils ont leur résidence, quoique ce lieu dépende du territoire communal de la ville : mais elle ne doit pas être appliquée par analogie aux transports qui ont lieu hors de la commune où les magistrats ont leur domicile. Ce mode de réglement ne blesse point l'équité puisque la distance, réellement parcourue, sera tantôt moins et tantôt plus grande que celle indiquée au tableau. Il n'y aurait pas de base légale dans un autre mode de réglement. (Décisions 1ᵉʳ septembre 1834, 19 novembre 1839 et 1ᵉʳ juillet 1844.)

Les présidents des tribunaux civils, les officiers du ministère public et les juges de paix doivent remplir avec exactitude l'obligation qui leur est imposée de visiter, à certaines époques, les établissements publics et privés consacrés aux aliénés et qui se trouvent placés dans leur ressort. Dans le cas où ces établissements sont situés à plus de cinq kilomètres de leur résidence, ces magistrats ont droit aux indemnités déterminées par l'article 88 du décret du 18 juin. Pour obtenir le payement de ces indemnités, il faut présenter un mémoire dans la forme du modèle numéro 21. Si les visites ont motivé des poursuites judiciaires, les indemnités de transport doivent toujours être comprises dans la liquidation des frais de la procédure. (Loi du 30 juin 1838. ordonnance 2 mai 1844, art. 3, Circ. 28 mai et 26 juin 1844.)

Dans aucun cas les commissaires de police ne peuvent prétendre à l'allocation fixée par l'article 88 du décret de 1811. Toutefois, quand ils se sont transportés, en vertu de commission rogatoire du juge d'instruction, à plus de cinq kilomètres de leur résidence, et que l'information dont ils ont été chargés a été pour eux l'occasion de frais qu'il leur serait onéreux de supporter, ces frais peuvent leur être remboursés sur les fonds du ministère de la justice, à titre de dépenses extraordinaires et en se conformant aux prescriptions de l'article 136 du décret, ils doivent, dans ce cas, présenter un mémoire détaillé de leurs dépenses, et l'appuyer, autant que possible, de pièces justificatives. Il est du devoir des commissaires de police de procéder à toutes les recherches et constatations de crimes ou délits, et le remboursement de ces frais ne peut être légitimé que par l'accomplissement d'une mission réellement judiciaire ; les juges d'instruction doivent, d'ailleurs, leur donner des commissions rogatoires, avec beaucoup de réserve, et continuer d'adresser de préférence leurs délégations aux juges de paix. (Circ. 12 mai 1855.)

ARTICLE 89.

L'indemnité du greffier ou commis assermenté, qui accompagne le juge ou l'officier du ministère public, sera :

Dans le premier cas, de six francs par jour ;
Dans le second, de huit francs.

Art. 1er. — Les juges, officiers du ministère public et greffiers qui, dans les cas prévus par l'article 496 du Code civil, se transportent à plus de cinq kilomètres de leur résidence, auront droit aux indemnités déterminées par les articles 88 et 89 du réglement du 18 juin 1811, suivant les distinctions établies dans ces articles, en ce qui concerne les distances. (Ordonnance du 4 août 1824.)

Il s'agit du cas où un individu, dont l'interdiction est poursuivie et qui n'habite pas la ville où siége le tribunal, ne peut se présenter à la chambre du conseil, et qui doit être entendu dans sa demeure par un juge à ce commis, assisté du greffier et en présence du procureur impérial.

Art. 1er. — Les magistrats qui, dans les cas prévus par les articles 3, 4 et 6 de l'ordonnance du 5 novembre 1823, relative à la vérification mensuelle des registres et actes judiciaires des cours et tribunaux, et par l'article 5 de celle du 26 du même mois, sur la vérification annuelle des registres de l'état civil, se transporteront à plus de cinq kilomètres, auront droit aux indemnités déterminées par l'article 88 du réglement du 18 juin 1811, suivant les distinctions établies par cet article, relativement aux distances, lesquelles seront comptées conformément aux tableaux dressés en exécution de l'article 93 du dit réglement du 18 juin.

Art. 2. — Ces indemnités seront payées sur les fonds affectés aux frais de justice criminelle, et dans la forme prescrite par le réglement du 18 juin.

Art. 3. — Les magistrats procéderont aux vérifications dont il s'agit, seuls et sans l'assistance du greffier.

Art. 4. — Lorsque les faits constatés par la vérification donneront lieu à des poursuites judiciaires, le montant des indemnités avancées, en exécution de la présente ordonnance, par l'administration de l'Enregistrement et des Domaines, sera compris dans la liquidation des dépens, et re-.couvré contre qui de droit, conformément aux règles tracées par le chapitre ii du titre III du réglement du 18 juin 1811.

Art. 5. — Nos procureurs près les tribunaux de première instance, lorsqu'ils réclameront l'indemnité déterminée par la présente ordonnance, seront tenus de justifier que leur transport a lieu en vertu de l'ordre ou de l'autorisation préalable du procureur général.

Art. 6. — Ces magistrats ne pourront, sans le même ordre ou la même autorisation, déléguer un juge de paix, à l'effet de procéder aux dites opérations, lorsque celui-ci, pour exécuter la délégation, sera obligé de se transporter à plus de cinq kilomètres du chef-lieu de son canton.

Art. 7. — Toute délégation sera jointe en original au mémoire de la partie prenante. Il en sera de même des ordres ou autorisations exigées par les deux articles précédents. (Ordonnance 10 mars 1825.)

Les conseillers d'une cour impériale, désignés en vertu de l'article 236 du Code d'instruction criminelle pour remplir les fonctions de juges d'instruction, n'ont droit qu'à une indemnité de voyage de neuf à douze francs par jour, suivant la distance parcourue, et ce, conformément à l'article 88 du réglement du 18 juin 1811.

Les officiers du ministère public qui vont porter la parole aux cours d'assises, autres que celles des chefs-lieux des cours impériales, ont droit à une indemnité de quinze francs par jour, conformément à l'article 88 du réglement. Cette indemnité est imputable sur les fonds affectés au paiement des frais de justice criminelle.

Les magistrats et les greffiers dresseront leurs mémoires, conformément au modèle numéro 21, et y joindront les pièces justificatives de la dépense, notamment celles exigées par l'article 7 de l'ordonnance du 10 mars 1825.

CHAPITRE VIII.

Des frais de voyage et de séjour auxquels l'instruction des procédures peut donner lieu.

ARTICLE 90.

Il est accordé des indemnités aux médecins, chirurgiens, sages-femmes, experts, interprètes, témoins, jurés, huissiers, gardes champêtres et forestiers, lorsque, à raison des fonctions qu'ils doivent remplir, et notamment dans les cas prévus par les articles 20, 43 et 44 du Code d'instruction criminelle, ils sont obligés de se transporter à plus de deux kilomètres de leur résidence, soit dans le canton, soit au-delà.

ARTICLE 91.

Cette indemnité est fixée par chaque myriamètre parcouru, en allant et en revenant, savoir :

1° Pour les médecins, chirurgiens, experts, interprètes et jurés, à.................... 2 50

2° Pour les sages-femmes, témoins, huissiers, gardes champêtres et forestiers..... 1 50

Cet article est modifié par les dispositions suivantes :

Art. 2. — « Les témoins, qui ne sont pas domiciliés à plus d'un myriamètre du lieu où ils seront entendus, n'auront droit à aucune indemnité de voyage ; il ne pourra être alloué que la taxe fixée par les articles 27 et 28 du réglement.

« Ceux domiciliés à plus d'un myriamètre recevront pour indemnité de voyage, s'ils ne sortent pas de leur arrondissement, *un franc* par myriamètre parcouru en allant, et autant pour le retour.

« S'ils sont appelés hors de leur arrondissement, cette indemnité sera d'*un franc cinquante centimes.*

« Dans les deux derniers cas, la taxe fixée par les articles 27 et 28 sus-énoncés ne sera point allouée ; sans néanmoins rien innover à l'article 30 du dit réglement, relatif aux frais de séjour.

Art. 3. — Il n'est dû aucuns frais de voyage aux gardes champêtres ou forestiers, tant pour la remise qu'ils sont tenus de faire de leurs procès-verbaux, conformément aux articles 18 et 20 du Code d'instruction criminelle, que pour la conduite des personnes par eux arrêtées, devant l'autorité compétente.

« Mais lorsque ces gardes seront appelés en justice, soit pour être entendus comme témoins, lorsqu'ils n'auront pas dressé de procès-verbaux, soit pour donner des explications sur les faits contenus dans les procès-verbaux qu'ils auront dressés, ils auront droit aux mêmes taxes que les témoins ordinaires.

« Il en sera de même des gendarmes

Ajoutons : que les gardes champêtres, forestiers et gendarmes n'ont droit aux mêmes taxes que les témoins ordinaires, que lorsque les faits sur lesquels il est nécessaire de les entendre sont de la classe de ceux qu'ils sont appelés à constater. — S'ils étaient appelés à déposer de faits étrangers à leurs fonctions, ils rentreraient sous l'empire de la règle générale et ne pourraient prétendre qu'à l'indemnité de voyage telle que l'a fixée l'article 2 du décret du 7 avril 1813. — Ceci toutefois ne concerne que les gardes champêtres et forestiers. — Les gendarmes venant déposer devant les tribunaux sur des faits qu'ils n'ont pas constatés ou qu'ils n'étaient pas appelés à constater, il faut suivre la règle tracée par l'article 31 du présent réglement et s'il leur est dû des frais de déplacement, ils doivent en être payés sur les fonds du ministère de la guerre, article 3, § 2 du même réglement.

Comme les distances se comptent du chef-lieu de canton, de l'arrondissement ou du département au chef-lieu de la commune où se fait l'opération (voir article 93), il n'est dû aucune indemnité aux parties prenantes désignées dans cet article qui ne sortent pas de la commune où elles résident. — Pour fixer l'indemnité qui peut être allouée en cas de transport hors de leur résidence aux médecins, chirurgiens, sages-femmes, experts et interprètes, il faut distinguer quel a été l'objet de ce transport. S'il a eu lieu pour procéder à quelque opération de leur profession, art ou métier, l'indemnité doit être fixée conformément à l'article 91 du réglement, mais, quand ils ne se déplacent que dans les cas prévus par l'article 25, les indemnités devant être réglées comme celles des témoins, il paraît hors de doute, que celles relative aux frais de voyage ne peuvent être allouées que conformément aux règles établies dans l'article 2 du décret du 7 avril 1813. (De Dalmas.)

L'indemnité de voyage, réclamée par les témoins qui résident dans un autre département que celui où siége la cour ou le tribunal devant lequel ils ont été cités, doit être réglée d'après le livre des postes et en ayant soin de ne compter la lieue de poste que pour quatre kilomètres et non pour cinq. (Décis. du 8 février 1820.) On peut aussi établir la distance sur les cartes de Cassini, il faut alors compter cinq kilomètres pour chaque lieue de vingt-cinq au dégré. (Décision minist. des 24 novembre 1818 et 23 février 1830.)

Le témoin qui par suite d'infirmités dûment constatées est forcé d'employer des moyens de transport dispendieux, peut, si l'état de sa fortune le rend nécessaire, obtenir une indemnité en sus de la taxe de voyage qui doit lui être allouée, mais cette indemnité ne peut être accordée qu'après avoir préalablement pris les ordres de M. le Garde des Sceaux et elle doit être acquittée comme dépense extraordinaire, en vertu de l'article 136. (Décisions minist. des 7 novembre 1820 et 3 mars 1821.) La même faveur a été souvent étendue, avec la même précaution, aux témoins éloignés qui sont assignés à bref délai et qui sont forcés de prendre la poste ; il en serait de même évidemment aujourd'hui pour tout transport par des voies extraordinaires, et où le témoin serait obligé de faire une dépense hors de proportion avec ses ressources.

Dans le trajet de mer, il peut également être alloué

une indemnité extraordinaire, mais seulement aussi après avoir pris les ordres de M. le Garde des Sceaux, et en ayant soin d'en faire mention expresse dans la taxe. (Décisions des 10 juin 1817, 6 août 1819 et 23 mars 1820.)

Il est aussi d'usage pour les témoins venant de Corse, sur le continent, de leur allouer, à titre de frais de voyage, le prix de leur passage sur un navire pour venir et retourner, plus une somme fixée d'après les tarifs du présent règlement pour les myriamètres parcourus aussi en venant et en retournant, du port de débarquement à la ville où ils ont déposé et pour le séjour forcé dans cette ville. (Circ. Garde des Sceaux, 5 décembre 1831.)

S'il s'agit de témoins étrangers à faire venir déposer en France, il est d'usage, lorsque leurs dépositions paraissent nécessaires dans des affaires importantes, d'autoriser les agents diplomatiques à traiter avec eux de gré à gré sur le montant de l'indemnité, en ayant soin de s'écarter le moins possible du taux fixé par le présent règlement. Ces indemnités ainsi réglées sont payées comme frais extraordinaires de justice, conformément à l'art. 136 ci-après. (Décis. des 28 septembre 1832 et 26 janvier 1833.)

Quand les huissiers se transportent dans des hameaux dépendants de la commune où ils résident et qui sont éloignés de plus de deux kilomètres du chef-lieu, ils ont droit aux frais de déplacement, en comptant la distance à partir dudit chef-lieu jusqu'à ces hameaux. (Décis. avril 1813.) Quand ils instrumentent dans des hameaux dépendant d'une commune autre que celle de leur domicile, la distance ne doit être calculée que jusqu'au chef-lieu de cette commune. (Décis. minist. du 7 septembre 1813.)

Il ne leur est dû aucune indemnité quand leur transport n'a eu pour objet que d'aller faire enregistrer leurs exploits. (Décis. des 24 août et 24 mars 1821.)

(Pièces à produire, voir art. 30 *Supra*.)

ARTICLE 92.

L'indemnité sera réglée par myriamètre et demi-myriamètre, les fractions de huit ou neuf kilomètres seront comptées pour un myriamètre, et celles de trois à sept kilomètres pour un demi-myriamètre.

La réduction des kilomètres en myriamètres ne doit pas se faire isolément, d'abord sur les kilomètres parcourus en allant, puis sur les kilomètres parcourus en revenant, mais sur les kilomètres réunis, tant de l'aller que du retour. Ainsi, lorsque le domicile d'un témoin est éloigné d'un myriamètre trois kilomètres, on ne doit pas compter un myriamètre et demi pour l'aller et un myriamètre et demi pour le retour, mais il faut réunir les trois kilomètres parcourus en allant avec les trois kilomètres parcourus en revenant, et compter en tout deux myriamètres six kilomètres, c'est-à-dire deux myriamètres et demi.

On doit faire attention que quand la distance du domicile du témoin au lieu où il est appelé n'excède pas un myriamètre, il n'est dû aucuns frais de voyage ; l'article 2 du décret du 7 avril 1813 est formel à ce sujet ; mais il en est dû si la distance excède un myriamètre, ne fût-ce que d'un kilomètre. La taxe alors doit indiquer d'une manière exacte cette distance et toujours en se conformant au tableau des distances dressé en exécution de l'article 93 du réglement.

La conversion de kilomètres en myriamètres, prescrite par l'article 92 du décret du 18 juin 1811, doit être faite sur chaque voyage et non sur la récapitulation des mémoires présentés par l'huissier. (Décis. 25 mai 1841.)

Les huissiers ne peuvent combiner, pour la taxe des frais, l'article 23 du décret du 16 février 1807 avec l'article 92 du décret du 18 juin 1811. Le premier décret, relatif aux frais de transport en matière civile, ne peut être modifié par le second, uniquement relatif aux matières criminelles. Au criminel on cumule l'aller et le retour et non au civil. (Décis. 14 décembre 1842.)

Lorsqu'un huissier s'est transporté dans une commune par les ordres du ministère public, il faut s'assurer, si le même jour l'huissier ne s'est pas rendu dans la même commune, à la requête, soit des parties civiles, soit des administrations publiques. En pareil cas, le droit de transport ne doit lui être alloué qu'une fois, quels que soient le nombre et la nature des exploits qu'il a notifiés. (Art. 35, décret du 14 juin 1813 ; circ. 22 juin 1823, 26 décembre 1845.) Mais si l'huissier avait fait en même temps des actes en matière civile et en matière criminelle, il n'y aurait pas lieu de tenir compte des premiers pour ne lui allouer qu'une seule indemnité de transport. (Décis. 22 juin 1846.)

L'article 35 du décret du 14 juin 1813, qui n'accorde à l'huissier, pour les actes à signifier dans une même course et dans un même lieu, qu'un seul droit de transport à répartir par portions égales, sur ces différents actes, s'applique au cas d'actes signifiés dans la *même* commune et non à celui d'actes signifiés dans plusieurs communes, encore qu'elles fussent situées sur le même parcours. En conséquence, l'huissier, qui a perçu plusieurs droits sur des actes signifiés dans des communes différentes pour des parties et des affaires distinctes, n'est pas passible de l'amende de vingt à cent francs, édictée par le décret de 1813, quoiqu'il ait fait ces significations dans une même course et sans changer de direction. (Cassation 29 juin 1857. Besançon 2 janvier 1850 ; Dijon 28 août 1856. Sirey 1856, 2, 172.) La chancellerie n'admet cette jurisprudence qu'en matière civile, elle la repousse absolument en matière criminelle. Il n'y a lieu qu'à un seul droit pour les actes signifiés sur le *même* parcours, quoique dans des communes différentes ; l'huissier qui, une fois averti, persisterait à réclamer plusieurs droits, pourrait être passible de l'amende édictée par l'article 35 du décret précité.

ARTICLE 93.

Pour faciliter le réglement de cette indemnité, les préfets feront dresser un tableau des distances, en myriamètres et kilomètres, de chaque commune au chef-lieu de canton, au chef-lieu d'arrondissement et au chef-lieu de département.

Ce tableau sera déposé aux greffes des cours impériales, des tribunaux de première instance et des justices de paix. Il sera transmis à notre ministre de la justice.

Le tableau des distances est obligatoire pour tous les magistrats, et il ne doit jamais être accordé plus de myriamètres parcourus que ne le porte ce tableau ; sauf, s'il y a des erreurs, à les indiquer aux officiers du ministère public pour les faire rectifier.

Quand les distances ne sont pas indiquées par le tableau, par exemple, quand un huissier est chargé de faire, le même jour, des actes de son ministère dans différentes communes, l'usage s'est établi de calculer, en pareil cas, de commune à commune, les distances parcourues, on consulte alors la notoriété publique et les autres renseignements qu'on peut se procurer pour évaluer les distances et ne passer en taxe que ce qui est raisonnablement dû à l'huissier. (Décis. 17 janvier et 21 novembre 1826.)

Si l'huissier était chargé d'aller instrumenter sur un navire mouillé en rade, la dépense lui serait allouée comme frais extraordinaires, en vertu de l'article 136. (Décis. min. 5 août 1828.)

ARTICLE 94 (ABROGÉ).

L'indemnité de deux francs cinquante centimes sera portée à trois francs, et celle d'un franc cinquante centimes à deux francs pendant les mois de novembre, décembre, janvier et février.

Art. 4. (Décret du 7 avril 1813.) — L'augmentation de taxe, accordée par l'article 94, pour frais de voyage pendant les mois de novembre, décembre, janvier et février, est également supprimée, tant pour les témoins que pour les autres parties prenantes désignées dans l'article 91. Ces parties prenantes sont les médecins, chirurgiens, experts, interprètes et jurés, les sages-femmes, témoins, huissiers, gendarmes, gardes champêtres et forestiers.

ARTICLE 95.

Lorsque les individus, dénommés ci-dessus, seront arrêtés dans le cours de leur voyage, par force majeure, ils recevront une indemnité pour chaque jour de séjour forcé, savoir :

Ceux de la première classe............ 2^f »
Ceux de la seconde classe............. 1 50

Ils seront tenus de faire constater par le juge de paix ou ses suppléants, ou par le maire, ou, à son défaut, par ses adjoints, la cause du séjour forcé en route, et d'en représenter le certificat, à l'appui de leur demande en taxe.

La première classe se compose des médecins, chirurgiens, experts, interprètes et jurés,

La seconde classe, des sages-femmes, témoins, huissiers, gendarmes, gardes champêtres et forestiers.

Pièces à produire, voir article 30.

Voir les modèles numéros 8, 9, 11 et 12.

ARTICLE 96.

Si les mêmes individus, autres que les jurés, huissiers, gardes champêtres et forestiers, sont obligés de prolonger leur séjour dans la ville où se fera l'instruction de la procédure, et qui ne sera point celle de leur résidence, il leur sera alloué, pour chaque jour de séjour, une indemnité fixée ainsi qu'il suit :

Médecins, chirurgiens, experts et interprètes,
A Paris.............................. 4^f »
Dans les villes de 40,000 habitants et au-dessus................................. 2 50
Dans les autres villes et communes...... 2 »
Sages-femmes et témoins,
A Paris.............................. 3 »

11

Dans les villes de 40,000 habitants et au-
dessus.................................... 2 ' »
Dans les autres villes et communes..... 1 50

D'après cet article 96, il n'est alloué aux témoins de jours de séjour que lorsqu'ils sont obligés de prolonger leur séjour dans le lieu où ils ont été appelés.

Toutes les fois que le témoin est entendu et qu'il peut recevoir le montant de sa taxe, le jour même indiqué dans la citation, à quelque heure que ce soit, il n'a droit à aucune indemnité de séjour.

L'éloignement du domicile du témoin ne change rien à ce principe, car il reçoit des frais de voyage proportionnés au nombre de myriamètres qu'il a parcourus.

Cependant s'il arrive que l'audition du témoin ne soit terminée que très-tard et après la clôture du bureau de l'Enregistrement, comme il est forcé d'attendre au lendemain pour recevoir le montant de sa taxe, il peut être accordé un jour de séjour ; mais il est indispensable d'énoncer cette circonstance dans la taxe, ce qui, au surplus, doit se présenter rarement et sur la réclamation seulement de la partie. (Art. 82, Code instr. crimin.; mêmes modèles ; voir art. 27.)

ARTICLE 97.

La taxe des indemnités de voyage et de séjour sera double pour les enfants au-dessous de l'âge de quinze ans et pour les filles au-dessous de l'âge de vingt-un ans, lorsqu'ils seront appelés en témoignage et qu'ils seront accompagnés, dans leur route et séjour, par leur père, mère, tuteur ou curateur, à la charge par ceux-ci de justifier de leur qualité.

D'après l'article 3 du décret du 7 avril 1813, les dispositions de l'article 96 du réglement du 18 juin 1811 sont applicables aux gendarmes, gardes-champêtres et forestiers lorsqu'ils sont appelés en témoignage.

CHAPITRE IX.

Du port des lettres et paquets.

ARTICLE 98 (ABROGÉ).
ARTICLE 99 (ABROGÉ).
ARTICLE 100 (ABROGÉ).
ARTICLE 101 (ABROGÉ).
ARTICLE 102 (ABROGÉ).

Ce chapitre a été remplacé par l'ordonnance du 17 novembre 1844, laquelle porte dans son article premier :

La correspondance des fonctionnaires publics exclusivement relative au service de l'État, est admise à circuler en franchise par la poste, soit par lettres fermées, soit sous bandes, sous la condition d'un contre-seing.

(Le coût des ports de lettres et paquets, en d'autres termes, des frais de poste dans chaque affaire de simple police, de police correctionnelle ou criminelle, a été réglé par l'article 18 de la loi du 5 mai 1855. — Voir *Supra* article 2, § 11.)

ARTICLE 103.

Les fonctionnaires, mentionnés dans l'article 98, pourront aussi employer, pour le transport de leurs dépêches, toutes autres voies qui leur paraîtront plus expéditives et plus économiques que celles de la poste, et particulièrement les messagers des préfectures, sous-préfectures ou autres.

L'article 103 continue d'être en vigueur pour les lieux avec lesquels on ne peut communiquer par la voie de la poste. Dans les cas urgents et extraordinaires, les magistrats doivent employer pour le transport de leurs dépêches la voie de la gendarmerie, conformément à l'article 99 du décret du 1er mars 1854, ainsi conçu :

Art. 99. — « La gendarmerie ne peut être distraite de son service ni détournée des fonctions qui font l'objet principal de son institution, pour porter les dépêches des autorités civiles ou militaires ; l'administration des postes devant expédier des estafettes extraordinaires, à la réquisition des agents du Gouvernement, quand le service ordinaire de la poste ne fournit pas des moyens de communication assez rapides.

Ce n'est donc que dans les cas d'extrême urgence et quand l'emploi des moyens ordinaires amènerait des retards préjudiciables aux affaires, que les autorités peuvent recourir à la gendarmerie pour la communication d'ordres et d'instructions qu'elles ont à donner.

Hors de ces circonstances exceptionnelles et très-rares, il ne leur est pas permis d'adresser des réquisitions abusives qui fatiguent inutilement les hommes et les chevaux.

La gendarmerie obtempère aux réquisitions qui lui sont faites par écrit et lorsque l'urgence est indiquée ; mais elle rend compte immédiatement de ce déplacement aux ministres de la guerre et de l'intérieur, copie de ces réquisitions est adressée aux chefs de légion.

CHAPITRE X.

Des frais d'impression.

ARTICLE 104.

Il ne sera payé de frais d'impression, sur les fonds généraux des frais de justice criminelle que pour les objets suivants :

1° Pour les extraits d'arrêts de condamnation à des peines afflictives ou infamantes, ainsi qu'il est dit dans l'article 36 du Code pénal ;

2° Pour les ordonnances portant nomination des présidents et assesseurs des cours d'assises, et les arrêts de convocation des cours d'assises et spéciales, le tout en conformité de la loi du 20 avril 1810 et du décret du 6 juillet suivant ;

3° Pour le signalement des personnes à arrêter ;

4° Pour les états et modèles d'états relatifs au paiement, à la liquidation et au recouvrement des frais de justice ;

5° Pour les actes, dont une loi ou un décret

aura ordonné l'impression, et pour ceux dont le ministre de la justice jugera l'impression et la publication nécessaires, par une décision spéciale.

Il n'y a pas lieu de faire payer, comme frais de justice, les impressions des feuilles destinées aux notices ou extraits à fournir par les procureurs impériaux et les greffiers, en exécution des articles 249 et 601 du code d'instruction criminelle.

Il convient d'ajouter aux objets contenus dans ce paragraphe, les bulletins servant au vote du jury au scrutin secret. (Loi du 13 mai 1836.)

Décret du 6 juillet 1810, article 88. — L'ordonnance portant nomination des présidents et des conseillers délégués pour la tenue des assises et fixation du jour de l'ouverture des séances de la cour d'assises, sera envoyée, à la diligence des procureurs généraux, aux tribunaux de première instance de la cour d'assises ; elle sera publiée dans les trois jours de sa réception, à l'audience publique, sur la réquisition du procureur impérial.

Art. 89. — « L'annonce de cette ordonnance sera faite dans les journaux du département où siège la cour d'assises, elle sera affichée dans les chefs-lieux d'arrondissement et sièges des tribunaux de première instance. »

Cet article 89 ne prescrivant que de faire faire l'annonce de l'ordonnance dont s'agit dans les journaux du département, il faut s'abstenir de l'y insérer en entier, afin d'éviter l'augmentation de frais à laquelle donne lieu cette insertion.

« Tout gérant sera tenu d'insérer *en tête* du journal le document officiel, relations authentiques, renseignements, réponses et rectifications qui lui seront adressées par un dépositaire de l'autorité publique. La publication devra avoir lieu dans le plus prochain numéro qui paraîtra après le jour de la réception des pièces. L'insertion sera gratuite. En cas de contravention, les contrevenants seront punis d'une amende de cinquante francs à mille francs. En outre, le journal pourra être suspendu par voie administrative pendant quinze jours au plus. (Art. 19, décret du 17 février 1852.)

ARTICLE 105.

Seront imprimés en placards tous les actes qui doivent être publiés et affichés, et ce, conformément au modèle que le ministre de la justice en fera dresser à l'imprimerie impériale. Ce modèle sera envoyé aux procureurs près les cours et tribunaux. — Toutes impressions qui ne seront point conformes au modèle seront rejetées.

Tous arrêts qui porteront la peine de mort, des travaux forcés à perpétuité ou à temps, de la déportation, de la réclusion, du carcan, du bannissement et de la dégradation civique seront imprimés par extrait.

Ils seront affichés dans la ville centrale du département, dans celle où l'arrêt aura été rendu, dans la commune du lieu où le délit aura été commis, dans celle où se fera l'exécution et dans celle du domicile du condamné. »

On peut, suivant les circonstances, faire imprimer en un seul placard, conforme au modèle n° 22, tous les extraits d'arrêts rendus dans une même session de cour d'assises, ce qui est plus économique, ou les faire imprimer par extraits séparés, conformément au modèle n° 23.

ARTICLE 106.

Le nombre d'exemplaires des placards et autres impressions sera déterminé par les procureurs généraux suivant les localités.

L'article 106 du réglement donnant aux procureurs généraux la faculté de déterminer le nombre des exemplaires des placards et autres impressions, ces magistrats doivent n'ordonner le tirage que pour le nombre d'exemplaires strictement nécessaire pour remplir le vœu de l'article 36 du Code pénal.

ARTICLE 107.

Les placards, destinés à être affichés, seront transmis aux maires qui les feront apposer dans les lieux accoutumés.

ARTICLE 108.

Les cours impériales et tribunaux de première instance nommeront un imprimeur pour faire le service de la cour et du tribunal.

Les procureurs généraux informeront le ministre de la justice du prix et des conditions des marchés qui seront faits avec les imprimeurs de la cour et des tribunaux du ressort.

ARTICLE 109.

Les épreuves de toutes les impressions seront

adressées par les imprimeurs aux procureurs près les cours et tribunaux, et la correction en sera faite au parquet.

Elles seront communiquées au conseiller rapporteur et au président de chambre qui aura prononcé l'arrêt, lorsqu'ils le demanderont.

Les frais d'apposition des affiches sont exclusivement à la charge des communes, conformément à l'article 3, n° 3 du réglement du 18 juin 1811.

La disposition de cet article s'applique à tous les cas où les cours et les tribunaux ont ordonné que la décision serait affichée ; on doit toujours procéder ainsi et ne pas recourir aux huissiers, dont l'intervention pour l'apposition des placards serait préjudiciable au trésor et constituerait un oubli des termes précis de la loi. (Décis. 25 février 1856.)

Art. 1er. — Les arrêts criminels et correctionnels, les jugements de police correctionnelle et de simple police, ainsi que tous autres arrêts et jugements qui doivent être publiés et affichés ne seront imprimés que par extrait ; — Article 2. — Le coût de l'impression des arrêts et jugements ne sera payé en taxe qu'autant qu'elle aura été ordonnée par ces arrêts et jugements ou faite d'après une décision spéciale du garde des sceaux, rendue sur la proposition du procureur général. Copie de cette décision sera jointe, comme pièce justificative, par l'imprimeur à l'appui de son mémoire ; — Article 3. — Il sera procédé par les cours d'appel et par les tribunaux de première instance, autant que les localités le permettront, avec publicité et concurrence, au renouvellement des marchés nécessaires pour déterminer le prix de ces impressions ; — Article 4. — Les marchés sont rédigés conformément au modèle ; — Article 5. — Le procureur général doit transmettre au garde des sceaux, avec ses observations, s'il y a lieu, copie authentique des marchés. Enfin les soumissions pour ces marchés doivent être faites en triple expédition, la première déposée au greffe, la seconde adressée au préfet et la troisième au ministère de la justice. (Arrêté minist. 4 novembre 1831.

ARTICLE 110.

Il sera tenu note au parquet de toutes les impressions à mesure qu'elles seront exécutées.

Deux exemplaires de chaque objet seront remis au parquet.

Deux seront adressés au ministère de la justice.

ARTICLE 111.

Tous les trois mois, les imprimeurs fourniront leurs mémoires aux procureurs qui les feront vérifier ; ils joindront, à chaque article, un exemplaire de l'objet imprimé, comme pièce justificative.

Ces mémoires seront rendus exécutoires par ordonnance des présidents des cours et tribunaux, sur les réquisitions du ministère public.

L'ordonnance contiendra l'indication des lois, des décrets ou des décisions du ministre de la justice, en vertu desquels l'impression aura été ordonnée.

ARTICLE 112.

Les frais d'impression qui seront à la charge

d'un juré condamné pour avoir manqué à ses fonctions dans les cas prévus par les articles 396 et 398 du Code d'instruction criminelle, seront les mêmes que ceux du marché passé pour les impressions de la cour ou du tribunal.

Aux dits cas, les frais d'affiches seront payés aux prix d'usage dans chaque localité.

Les règles établies dans le présent chapitre x ne s'appliquent pas aux impressions nécessaires au service spécial du parquet ou de la chambre d'instruction par exemple,

1° Aux feuilles de notices hebdomadaires et aux extraits du registre des condamnés ;

2° Aux tableaux trimestriels des jugements de police correctionnelle ;

3° Aux états annuels de l'administration de la justice en matière civile et criminelle ;

4° Aux états annuels des condamnés en récidive, et, en général, aux états périodiques de toute nature ;

5° Aux feuilles de renseignements à joindre aux procédures criminelles ;

6° Aux originaux et copies des citations à témoins ou à prévenus, et des mandats d'exécution ;

7° Aux réquisitoires et ordres destinés à la gendarmerie, aux huissiers, aux concierges, etc. ;

8° Aux instructions et circulaires à transmettre aux officiers de l'état civil ou de police judiciaire, ou aux divers fonctionnaires du ressort.

Pour ces impressions et autres de même nature, qui sont payables sur les menus dépenses et frais de parquet, les magistrats du ministère public sont libres de traiter de gré à gré avec tout imprimeur de leur choix et aux conditions qui leur conviennent. — (Circulaire du 25 mars 1812.)

CHAPITRE XI

Des frais d'exécution des arrêts.

ARTICLE 113.

Il sera fait, par notre ministre de la justice, un réglement qui déterminera les dépenses nécessaires pour exécution des arrêts criminels et réglera le mode de leur paiement.

Ce réglement sera adressé à nos procureurs près les cours et tribunaux et aux préfets, pour le faire exécuter chacun en ce qui le concerne.

Le réglement annoncé ci-dessus a paru le 3 octobre 1811, mais les modifications introduites dans le code d'instruction criminelle et le code pénal par la loi du 28 avril 1832 en ont exigé un nouveau, c'est celui ci-après du 31 juillet 1832.

ARTICLE 1er.

Les dépenses nécessaires pour l'exécution des arrêts criminels sont :

1° Les frais de premier établissement des instruments servant aux exécutions ;

2° Les frais d'entretien, réparation, transport, placement et déplacement de ces instruments ;

3° Le transport des condamnés, tant au lieu du supplice qu'au lieu de l'inhumation ;

4° Les fournitures relatives aux exécutions ;

5° Les frais de déplacement des exécuteurs et le transport des instruments dans le lieu où les exécutions doivent se faire.

ARTICLE 2.

Les instruments servant aux exécutions, consistent ;

1° En un grand échafaud pour les exécutions à mort, avec son réservoir doublé en plomb ;

2° En un petit échafaud pour les expositions ;

3° En une machine à décapiter, avec ses accessoires ;

4° En poteaux pour les expositions et pour l'affiche de l'extrait des arrêts de condamnation rendus contre les contumaces. (Ce paragraphe et le 2me ont été abrogés par le décret des 12 et 14 avril 1848 qui abolit l'exposition.) ;

5° En paniers d'osier doublés en cuir.

ARTICLE 3.

Les fournitures relatives aux exécutions sont de deux espèces :

1° Les fournitures qui servent à plusieurs exécutions ;

2° Celles qui ne servent qu'à une seule exécution.

ARTICLE 4.

Les fournitures qui servent à plusieurs exécutions, sont :

1° Les sangles et courroies ;

2° Les balais ;

3° Les planches pour les écriteaux (abrogé) ;

4° Les poteaux (abolis) ;

5° Les italiennes ou cordes.

ARTICLE 5.

Les fournitures qui ne servent qu'à une seule exécution, sont :

1° Les cordes pour attacher au poteau les condamnés à l'exposition (aboli) ;

2° La chemise (art. 13 du Code pénal) ;

3° Le voile noir (art. 13 du Code pénal) ;

4° Le son ou le sable, ou la sciure de bois et la paille ;

5° Les écriteaux (abolis) ;

6° La graisse ou le savon ;

7° Les clous ;

8° Les empêtroirs ou entraves pour attacher les jambes ;

9° Vestes, tabliers, pantalons pour les aides ;

10° Eau pour laver les paniers et la place où se font les exécutions, dans les villes où l'eau se vend.

ARTICLE 6.

La confection des instruments nécessaires pour l'exécution des arrêts criminels sera ordonnée par les préfets, sur la réquisition des procureurs généraux ou procureurs impériaux près les cours d'assises.

ARTICLE 7.

Les préfets feront dresser un devis estimatif des instruments dont la confection a été requise, ainsi qu'il est dit dans l'article précédent.

ARTICLE 8.

Cette confection sera adjugée, soit au rabais, soit par voie de soumission ; le prix de l'adjudication ne pourra excéder le montant du devis.

ARTICLE 9.

S'il ne se présente aucun adjudicataire, les préfets pourront faire exécuter les travaux aux prix des devis, soit de gré à gré, soit par voie de réquisition. Dans ce dernier cas, les préfets se concerteront avec les procureurs généraux et les procureurs impériaux près les cours d'assises, qui donneront les réquisitions nécessaires.

ARTICLE 10.

Les instruments, servant aux exécutions, ne pourront être renouvelés, ni en totalité, ni en partie, qu'après qu'il aura été constaté que les objets dont on proposera le renouvellement sont hors de service ; dans ce cas, il sera disposé de ces objets, ainsi qu'il est prescrit par l'article 40 du réglement du 18 juin 1811, à l'égard des objets sequestrés.

ARTICLE 11.

Les préfets feront des abonnements annuels pour l'entretien, les réparations, le transport, le placement et le déplacement des instruments nécessaires aux exécutions.

ARTICLE 12.

Dans le cas où ces abonnements ne pourraient avoir lieu, les préfets proposeront au ministre un projet de tarif des dépenses qui sont susceptibles d'être tarifées, et les travaux seront exécntés conformément à ce tarif, soit de gré à gré, soit par voie de réquisition.

ARTICLE 13.

Les travaux et les fournitures qui n'auront pas été tarifés seront faits aux prix courants.

ARTICLE 14.

A Paris et dans les villes dont la population excède quarante mille habitants, les individus condamnés à l'exposition seront conduits en voiture au lieu de l'exposition ; dans les autres villes, ces condamnés ne seront conduits en voiture qu'en cas de nécessité dûment constatée par les réquisitions du ministère public. (Abrogé par le décret des 12-14 avril 1848.)

ARTICLE 15.

Dans toutes les villes sans exception, les individus condamnés à la peine capitale pourront être conduits en voiture au lieu du supplice.

ARTICLE 16.

Le prix du transport, indiqué dans les deux articles précédents, sera mis en adjudication avec les dépenses mentionnées dans l'article 11. Si on ne trouve pas d'adjudicataire, le transport sera réglé comme il est dit à l'article 12.

ARTICLE 17.

Il sera alloué aux exécuteurs une somme fixe pour la fourniture des objets détaillés dans les articles 4 et 5 ci-dessus.

ARTICLE 18.

Les frais d'exécution, mentionnés dans le présent réglement, seront payés sur les mandats des préfets, soit au bas des extraits d'adjudication, marchés ou abonnements, soit au bas des mémoires de frais. Les réquisitions, s'il en a été donné, seront toujours apportées à l'appui des mémoires.

ARTICLE 19.

Les adjudications, marchés, abonnements et tarifs, seront soumis à l'approbation du ministre de la justice.

ARTICLE 20.

Le présent réglement recevra son exécution à dater du 1er août 1832. Celui du 3 octobre 1811 est rapporté.

Pour faire suite au réglement ci-dessus, il a été pris par Son Excellence M. le garde des sceaux, à la date du 15 avril 1850, l'arrêté ci-après :

Vu la loi du 2 janvier 1850, portant modification de l'article 472 du Code d'instruction criminelle, relatif à l'affiche des jugements de condamnation par contumace ; vu l'article 113 du décret du 18 juin 1811 ;

Considérant que la loi n'ayant pas désigné l'officier qui serait chargé de faire apposer les affiches, il a été établi que les huissiers auraient cette mission ;

Considérant que les huissiers n'ayant pas d'appointements annuels, doivent recevoir un salaire à raison des opérations qui leur sont confiées ;

Considérant enfin qu'il s'agit, dans l'espèce, de frais afférents à l'exécution des arrêts criminels.

Arrêtons ce qui suit :

ARTICLE 1er.

Le salaire des huissiers, tant pour l'apposition de chacun des trois extraits de jugement de condamnation exigés par la loi du 2 janvier 1850, que pour la rédaction de chacun des procès-verbaux constatant cette formalité, est ainsi réglé, savoir :

A Paris . . . . 3 fr. »
Dans les villes de 40,000 âmes et au-dessus . 2   50
Et dans les autres villes et communes 2   »

ARTICLE 2.

Dans le cas de transport à plus de deux kilomètres, ces officiers ministériels recevront l'indemnité de voyage fixée par l'article 91 du décret du 18 juin 1811.

ARTICLE 3.

Cette dépense fera l'objet soit d'un mémoire spécial revêtu des formalités ordinaires, soit d'un article séparé dans les mémoires de frais de justice criminelle fournis par les huissiers.

Un autre arrêté du 20 juin 1853 dispose comme suit :

Vu l'article 113 du décret du 18 juin 1811.

Art. 1er. Il sera passé avec chaque exécuteur en chef des arrêts criminels des marchés ou abonnenents pour les dépenses nécessaires aux exécutions, sauf les frais de premier établissement des instruments de supplice. Ces marchés et abonnements seront soumis à notre approbation. conformément au réglement du 31 juillet 1832 ;

Art. 2. — Il y aura un échafaud au chef-lieu de chaque cour impériale. Les échafauds des autres départements seront supprimés ;

Art. 3. — Les exécuteurs adjoints qui sont restés à la disposition de l'administration, seront employés au même titre aux chefs-lieux des cours impériales où nous aurons fixé leur résidence.

Il ne pourra y avoir plus d'un exécuteur adjoint près de chaque exécuteur en chef, excepté à Paris et à Alger, où leur nombre sera de deux.

Art. 4. — En cas d'insuffisance du personnel actuel des exécuteurs adjoints, des commissions provisoires pourront être délivrées par nous, selon les besoins du service, même à des individus non actuellement en exercice.

Leurs gages seront les mêmes que s'ils étaient commissionnés définitivement.

Cet arrêté a pour effet, outre qu'il en résulte de notables économies, de régulariser et de simplifier le service des exécutions.

1° En le concentrant au chef-lieu de chaque cour impériale ; 2° en donnant de l'extension aux marchés et abonnements pour les dépenses nécessaires aux exécutions ; 3° en faisant peser exclusivement toute la responsabilité sur l'exécuteur en chef ; 4° en fixant le sort du personnel actuel des agents après nouvel examen.

Les mesures, qui en sont la suite, ont été de faire préparer entre les préfets de chefs-lieux de cour et les procureurs généraux des marchés relatifs : 1° à l'entretien, aux réparations des bois et instruments de justice ; 2° au transport, au placement et au déplacement de l'échafaud, soit au chef-lieu de la cour, soit dans les autres localités du ressort, et pour ce dernier cas, tant par myriamètre ; 3° et à toutes les menues dépenses que nécessite une exécution.

L'abonnement améliorera la position des exécuteurs en chef dont les gages ont été réduits aux dernières limites possibles par le décret du 28 juin 1850. Il sera équitable du reste, qu'il en fasse profiter dans une certaine mesure l'exécuteur adjoint qui pourra être employé pour l'aider, par exemple, à la réparation de l'échafaud.

L'intention du gouvernement est que tous ces frais soient réglés à l'avance, de telle sorte qu'ils ne puissent, dans chaque ressort, subir d'autre variation que celle résultant des distances qu'auront à parcourir les exécuteurs pour se transporter, avec les bois de justice, au lieu fixé par l'arrêt de condamnation.

En cas d'empêchement de l'exécuteur en chef ou de l'exécuteur adjoint, ou si un plus grand nombre d'agents est exceptionnellement nécessaire, il y aura lieu d'appeler du lieu le plus voisin un autre agent, de façon que l'exécution soit toujours dirigée par un exécuteur en chef, et qu'il n'y en ait qu'un.

En cas de négligence ou de mauvais vouloir de l'exécuteur en chef pour remplir les obligations résultant des marchés ou abonnements, le procureur général ne devrait pas hésiter à proposer au ministre les mesures de rigueur proportionnées à la faute commise.

Le procureur général doit exercer une surveillance particulière pour assurer au service des exécuteurs, dans les diverses circonstances qui peuvent se présenter, toute l'exactitude et toute l'activité qu'il exige. (Circulaire ministérielle du 27 juin 1853.)

Les pièces à produire aux payeurs sont :

Un mémoire sur timbre revêtu d'un mandat du préfet, quittancé par les parties et appuyé des réquisitions. (Modèles n°s 29 et 30.)

Lorsqu'il y a abonnement ou marché, un extrait en est joint au premier mémoire fourni dans l'année ; lorsque la dépense est payée en vertu d'un tarif, le préfet joint à chaque mémoire un extrait du tarif arrêté par le ministre de la justice.

<h3 style="text-align:center">ARTICLE 114.</h3>

La loi du 11 avril 1796 (22 germinal an IV), relative à la réquisition des ouvriers pour les travaux nécessaires à l'exécution des jugements continuera d'être exécutée.

Les dispositions de la même loi seront observées dans le cas où il y aurait lieu de faire fournir un logement aux exécuteurs.

Art. 1er. — Les commissaires du directoire exécutif (procureurs généraux et procureurs impériaux), requerront les ouvriers, chacun à leur tour, de faire les travaux nécessaires pour l'exécution des jugements, à la charge de leur en faire compter le prix ordinaire.

Art. 2. — Tout ouvrier, qui refuserait de déférer à la réquisition des dits commissaires (procureurs généraux ou impériaux), sera condamné la première fois, par voie de simple police, à un emprisonnement de trois jours ; en cas de récidive, il sera condamné par voie de police correctionnelle à un emprisonnement qui ne peut être moindre d'une décade ni excéder trente jours. (Loi du 11 avril 1796 ; 22 germinal an IV.) Ainsi ce ne sont pas, en cas de refus, les peines déterminées par l'article 475, n° 12 du Code pénal, qui seraient encourues, mais celles de la loi spéciale précitée.

Si les instruments nécessaires aux exécutions n'existent pas, ou si ceux qui existent sont insuffisants, ou enfin s'il en est qui aient besoin de réparations, les officiers du ministère public doivent en donner connaissance au préfet qui, sur leur demande, fera construire ou réparer ces instruments, soit par adjudication, soit de gré à gré, soit enfin par voie de réquisition, et ce n'est que dans ce dernier cas que l'intervention des officiers de justice est indispensable, parce qu'aux termes de la loi du 11 avril 1796 (22 germinal an IV), dont les dispositions sont maintenues par l'article 114 du réglement, ils sont tenus de requérir les ouvriers.

Lorsque les instruments sont construits et en état de servir, les officiers du ministère public prennent les mesures convenables, comme étant exclusivement chargés de l'exécution des arrêts criminels. Ainsi, s'il y a eu une adjudication ou un abonnement pour l'entretien des instruments dont il s'agit et pour les opérations ou fournitures jugées nécessaires, c'est à l'adjudicataire ou à l'abonné qu'ils doivent adresser leurs réquisitions, et dans le cas où il n'y aurait eu ni adjudication ni abonnement, les officiers de justice doivent requérir les ouvriers, et le prix de leurs travaux devra leur être payé d'après le tarif proposé par les préfets et approuvé par le ministre de la justice, conformément à l'article 12 du réglement du 3 octobre 1811.

Les exécutions ne doivent pas avoir lieu un jour de marché. La réunion d'une grande foule fait naître le plus souvent des impressions contraires à celles qu'on semble attendre. Elle fait de l'exécution d'une peine une sorte de spectacle populaire, et ce spectacle, loin de répandre d'utiles enseignements, peut contribuer à la dépravation des mœurs. Enfin il est prudent d'éviter, dans l'intérêt même de la tranquillité publique, la formation de grands rassemblements qui pourraient la compromettre. (Lettres de M. le garde des sceaux, des 30 décembre 1838 et 11 mars 1839.)

ARTICLE 115.

Les lois des 13 juin, 23 novembre 1793 et 11 mai 1794 (3 frimaire et 22 floréal an II), relatives au nombre, au placement, aux gages et à la nomination des exécuteurs et de leurs aides, continueront d'être exécutées.

Des dispositions nouvelles ont établi sur de nouvelles bases le nombre et les gages des exécuteurs criminels, notamment l'ordonnance du 7 octobre 1832 et le décret du 26 juin 1850.

Ordonnance du 7 octobre 1832.

Art. 1er. — Jusqu'à ce que le nombre actuel des exécuteurs des arrêts de justice criminelle se trouve réduit de moitié, notre garde des sceaux, ministre de la justice, est autorisé à ne pas pourvoir à leur remplacement au fur et à mesure des extinctions.

Art. 2. — A l'avenir, il n'y aura qu'un aide-exécuteur dans les départements du Calvados, de la Corse, de l'Eure, d'Ille-et-Villaine, de la Manche, du Nord, de l'Orne, du Pas-de-Calais, du Rhône, de Seine-et-Oise.

Il y aura deux aides dans le département de la Seine-

Inferieure, et quatre dans le département de la Seine.

Les aides-exécuteurs dans les autres départements sont supprimés, et il ne pourra en être rétabli que dans ceux de ces départements où, conformément à l'article 1er, il ne sera pas pourvu au remplacement des exécuteurs.

Art. 3. — Les gages des exécuteurs qui seront nommés postérieurement à la publication de la présente ordonnance sont fixés annuellement ainsi qu'il suit :

A Paris. . . . . 8,000 fr.
A Lyon. 5,000
A Bordeaux et Rouen. 4,000
Dans les autres villes au-dessus de 50,000 âmes. 3,500
Dans celles de 20,000 à 50,000. 2,400
Dans celles de 20,000 et au-dessous 2,000

Art. 4. — Les aides exécuteurs seront à la nomination du ministre secrétaire d'État de la justice. Leurs gages sont fixés annuellement à 1,000 francs pour ceux de Paris et à 800 francs pour ceux des autres villes.

Art. 5. — Il pourra être accordé, sur le montant des économies résultant de la présente ordonnance, un secours alimentaire, dont le maximum sera de quatre cents francs, à chacun des aides dont les fonctions sont supprimées.

Art. 6. — Pour toute exécution, autre que celles par contumace, les exécuteurs, auxquels il n'est point attribué d'aide par la présente ordonnance, seront, sur la réquisition du ministère public, assistés par les exécuteurs ou aides des chefs-lieux voisins, conformément au tableau qui sera dressé à cet effet par notre ministre de la justice.

Pour les exécutions dans les départements où les exécuteurs auront été supprimés en vertu de l'article premier, les exécuteurs et aides des départements voisins seront mis à la disposition du ministère public, conformément à un tableau dressé dans la même forme.

Art. 7. — Le ministère public pourra requérir un ou plusieurs exécuteurs ou aides, autres que ceux qui sont désignés par le précédent article, en cas d'empêchement ou de maladie d'un exécuteur ou de son aide, et, en outre, toutes les fois qu'il jugera nécessaire d'augmenter le nombre des agents d'une exécution.

Art. 8. — Les exécuteurs ou leurs aides qui se seront déplacés, en vertu de réquisition du ministère public, recevront une indemnité de douze francs par jour.

Art. 9. — Les décrets, ordonnances et réglements antérieurs, sont abrogés en ce qu'ils ont de contraire à la présente ordonnance, laquelle sera exécutoire à compter du 1er janvier prochain.

Art. 10. — Notre garde des sceaux, ministre secrétaire d'État au département de la justice, est chargé de l'exécution de la présente ordonnance.

Décret du 26 juin 1850.

Art. 1er. — Il n'y aura plus dans le ressort de chaque cour d'appel qu'un exécuteur.

Dans le département de la Corse, par exception, il y aura un exécuteur et un aide.

Ces agents résideront toujours au chef-lieu de la cour d'appel.

Art. 2. — Les gages des exécuteurs sont fixés ainsi qu'il suit :

    4,000 fr. à Paris ;
    3,000   à Lyon ;
    2,400   à Bordeaux, Rouen et Toulouse ;
    2,000   dans les vingt-deux autres villes ;
    1,200   l'aide de la Corse.

Art. 3. — Les exécuteurs dont l'emploi est supprimé par l'article premier continueront à recevoir leurs gages, mais ils resteront alors à la disposition de l'administration.

Ceux d'entre eux qui préféreront renoncer immédiatement à leur emploi recevront des secours qui seront fixés par l'administration, eu égard à leur âge, à leurs besoins et à la durée de leurs services.

Art. 4. — Le présent décret recevra son exécution à partir du 1er janvier 1851.

Art. 5. — L'ordonnance du 7 octobre 1832 continuera d'être observée en ce qui concerne les dispositions qui ne sont pas contraires au présent décret.

Art. 6. — Le garde des sceaux, ministre de la justice, est chargé de l'exécution du présent décret.

Les gages des exécuteurs et de leurs aides seront payés sur un état dressé conformément au modèle numéro 31.

Lorsqu'un emploi d'exécuteur est vacant, et que cet emploi est provisoirement rempli par un aide, celui-ci a droit à la totalité du salaire, et le sien reste au Trésor.

ARTICLE 116.

Notre ministre de la justice est autorisé à disposer, sur les fonds généraux des frais de justice, d'une somme de 36,000 francs par année, pour l'employer à donner, sur l'avis de nos procureurs et des préfets, des secours alimentaires aux exécuteurs infirmes ou sans emploi, à leurs veuves et à leurs orphelins jusqu'à l'âge de douze ans.

Au moyen de la présente disposition, tous les réglements antérieurs sur les secours accordés aux exécuteurs et à leurs familles sont abrogés.

Pour assurer l'exécution de l'article 116, MM. les procureurs généraux et préfets doivent adresser au ministère de la justice, au 1er décembre de chaque année, un état des exécuteurs infirmes ou sans emploi, de leurs veuves ou de leurs enfants orphelins jusqu'à l'âge de douze ans.

Cet état devra indiquer les noms, prénoms, qualités, âge, domicile de ces individus.

Leurs moyens d'existence et la nature de leurs infirmités, s'ils en ont. Le nombre des enfants des exécuteurs décédés ; leurs noms, prénoms, âge, et faire connaître s'ils ont été laissés aux soins de leur mère ou s'ils sont orphelins.

TITRE II

DES DÉPENSES ASSIMILÉES A CELLES DE L'INSTRUCTION DES PROCÈS CRIMINELS.

CHAPITRE PREMIER

De l'interdiction d'office.

ARTICLE 117.

Indépendamment des poursuites qui seront dirigées contre ceux qui laissent divaguer des fous et des furieux, pour faire prononcer contre les délinquants les peines portées par les articles 471 et 479 du Code pénal, le ministère public, lorsque l'interdiction ne sera pas provoquée par les parents, la poursuivra d'office, non-seulement dans le cas de *fureur*, mais aussi dans le cas d'*imbécillité* et de *démence*, si l'individu n'a ni époux, ni épouse, ni parents connus, conformément à l'article 491 du Code Napoléon.

D'après la loi du 30 juin 1838 (art. 18-24), l'autorité administrative peut également ordonner d'office le placement, dans un établissement d'aliénés, de toute personne interdite ou non interdite dont l'état d'aliénation mentale compromettrait l'ordre public ou la sûreté des personnes.

ARTICLE 118.

Les frais de cette procédure seront avancés par l'administration de l'Enregistrement, sur le pied du tarif fixé par notre présent décret, et les actes auxquels cette procédure donnera lieu seront visés pour timbre et enregistrés en débet, conformément aux lois des 13 brumaire et 22 frimaire an VII (3 novembre et 12 décembre 1798).

L'administration de l'Enregistrement doit, en général, faire l'avance des frais de poursuites en interdiction d'office, et, par exemple, des droits de timbre et d'enregistrement, des salaires des huissiers, etc., sans distinguer entre le cas de solvabilité et celui d'insolvabilité de l'interdit et de ses parents ; mais les droits d'expéditions et autres, qui peuvent être dus aux greffiers en conséquence des dites poursuites, ne doivent être avancés par l'administration de l'Enregistrement, dans aucun des cas prévus par le décret du 18 juin 1811 et par les réglements antérieurs ; les greffiers n'ont alors rien à réclamer si l'interdit et ses parents sont insolvables ; s'ils sont solvables, les greffiers doivent se pourvoir en paiement de leurs droits contre l'interdit et, en cas d'insuffisance de ses biens, contre ses père, mère, époux ou épouse.

Dans le cas où l'interdiction d'un individu poursuivi d'office n'est pas prononcée, soit à cause de son renvoi des poursuites, soit à cause de son décès ou pour tout autre motif, l'Etat, et par conséquent les greffiers, n'ont ni frais ni droits à réclamer contre cet individu ou contre ses parents, quand bien même ils seraient solvables.

Dans ces derniers cas, il y a lieu de rejeter purement et simplement des mémoires les sommes qui y sont portées, soit que les greffiers en aient ou non reçu le montant des caisses de l'administration de l'enregistrement et des domaines.

A ces dispositions il convient d'ajouter celles de la loi du 22 janvier 1851 sur l'assistance judiciaire, article 14.

« L'assisté est dispensé provisoirement du paiement des sommes dues au trésor pour droits de timbre, d'enregistrement et de greffe, ainsi que de toute consignation d'amende. Il est aussi dispensé provisoirement du paiement des sommes dues aux greffiers, aux officiers ministériels et aux avocats, pour droits, émoluments et honoraires. Les actes de la procédure faite à la requête de l'assisté sont visés pour timbre et enregistrés en débet. Le visa pour timbre est donné sur l'original au moment de son enregistrement. Les actes et titres produits par l'assisté pour justifier de ses droits et qualités, sont pareillement visés pour timbre et enregistrés en débet. Si ces actes et titres sont du nombre de ceux dont les lois ordonnent l'enregistrement dans un délai déterminé, les droits d'enregistrement deviennent exigibles immédiatement après le jugement définitif ; il en est de même des sommes dues pour contravention aux lois sur le timbre. Si ces actes et titres ne sont pas du nombre de ceux dont les lois ordonnent l'enregistrement dans un délai déterminé, les droits d'enregistrement de ces actes et titres sont assimilés à ceux des actes de la procédure. « Le visa pour timbre et l'enregistrement en débet doivent mentionner la date de la décision qui admet au bénéfice de l'assistance ; ils n'ont d'effet, quant aux actes et titres produits par l'assisté, que pour le procès dans lequel la production a eu lieu. Les frais de transport des juges, des officiers ministériels, des experts, les honoraires de ces derniers et les taxes des témoins dont l'audition a été autorisée par le tribunal ou le juge-commissaire, sont avancés par le Trésor, conformément à l'article 118 du décret du 18 juin 1811. Le paragraphe 5 du présent article s'applique au recouvrement de ces avances. »

Aux termes d'une décision ministérielle du 19 janvier 1853, les frais taxés en matière d'assistance judiciaire doivent être taxés comme en matière criminelle, mais cette faveur toute dans l'intérêt du trésor, n'est pas accordée à la partie adverse lorsqu'elle est condamnée aux dépens. A l'égard de cette dernière, les frais dont il s'agit, ainsi que tous les autres frais, les honoraires et émoluments dus aux officiers ministériels qui ont prêté leur ministère aux assistés, doivent être taxés conformément au décret du 16 février 1807. Les termes de l'article 17 de la loi du 22 janvier 1851 rapprochés des observations faites au sujet de cet article dans le rapport de M. De Vatimesnil ne laissent aucun doute en ce sens (Dorigny, p. 160) ; il est d'ailleurs impossible, comme le fait avec raison remarquer cet auteur, de prendre pour base de la taxe, en pareil cas, le décret du 18 juin 1811, puisque ce décret, relatif aux matières criminelles et correctionnelles qui n'exigent pas l'intervention des avoués, ne tarife aucun de leurs actes. Cette solution est parfaitement exacte ; elle a été consacrée par un arrêt de la cour d'Orléans du 6 mars 1860. (Chauveau, *du Tarif*, t. 1er p. 182, n° 535.)

Les juges, officiers du ministère public et greffiers qui, dans les cas prévus par l'article 496 du Code Napoléon, se transportent à plus de cinq kilomètres de leur résidence, ont droit aux indemnités déterminées par les articles 88 et 89 du réglement du 18 juin 1811.)

ARTICLE 119.

Si l'interdit est solvable, les frais de l'interdiction seront à sa charge et le recouvrement en sera poursuivi avec privilége et préférence sur ses biens, et, en cas d'insuffisance, sur ceux de ses père, mère, époux ou épouse.

ARTICLE 120.

Si l'interdit et les pareuts, désignés dans l'article précédent, sont dans un état d'indigence dûment constaté par certificat du maire, visé et approuvé par le sous-préfet et par le préfet, il ne sera passé en taxe que le salaire des huissiers et l'indemnité due aux témoins non parents ni alliés de l'interdit.

C'est aux huissiers à fournir ce certificat. (L. P. G. 7 mai 1814.)

Si pour l'audition des témoins ou de l'individu dont l'interdiction est poursuivie, le ministère d'un interprète était nécessaire, on devrait lui allouer, sur les frais généraux des frais de justice, des vacations, conformément à l'article 22 du présent réglement. (De Dalmas p. 324.)

Quand l'interdiction est poursuivie d'office, les frais doivent être taxés tant d'après les dispositions du présent réglement que de l'ordonnance royale du 4 août 1824 ; au contraire, si c'est à la requête de la famille qu'il a été procédé, les frais et même l'allocation des indemnités de transport aux magistrats doivent être taxés conformément aux dispositions du réglement du 16 février 1807.

On ne doit pas perdre de vue que quoique les poursuites soient faites d'office il s'agit d'une instance purement civile, et qu'ainsi la requète, l'avis du conseil de famille, les jugements et autres actes doivent être signifiés dans les cas voulus et de la manière prescrite par les Codes Napoléon et de procédure civile (Décis. minist. 29 mars 1820.)

CHAPITRE II.

Des poursuites d'offices.

ARTICLE 121.

Les frais des actes et procédures faits sur la poursuite d'office du ministère public, dans les cas prévus par le Code Napoléon, et notamment par les articles 50, 53, 81, 184, 191 et 192, relativement aux actes de l'état civil, seront payés, taxés et recouvrés ainsi qu'il est dit dans le chapitre précédent.

Les frais de poursuites, dirigées conformément à l'article 5 du décret du 19 juillet 1810, contre des individus prévenus de se livrer à la postulation illicite, et contre leurs complices, doivent être avancés par l'administration de l'enregistrement et des domaines, comme assimilés aux dépenses de l'instruction des procès criminels ; sauf, en cas d'indigence de la part des parties, à ne passer en taxe, conformément à l'article 120 du décret du 18 juin 1811, que le salaire des huissiers et l'indemnité due aux témoins.

ARTICLE 122.

Il en sera de même lorsque le ministère public poursuivra d'office les rectifications des actes de l'état civil, en conformité de l'avis du conseil d'État du 12 brumaire an XI (3 novembre 1802), comme aussi au sujet des poursuites faites en conformité de la loi du 25 ventôse an XI (16 mars 1803) sur le notariat, et généralement dans tous les cas où le ministère public agit dans l'intérêt de la loi et pour assurer son exécution.

Sont également considérés comme frais de justice criminelle les frais de transport auxquels peut donner lieu la vérification mensuelle des registres et actes judiciaires, prescrite par l'ordonnance royale du 5 novembre 1823, la vérification annuelle des registres de l'Etat civil, également prescrite par l'ordonnance du 26 du même mois de novembre.

On doit encore ranger dans la classe des procédures dont l'administration de l'enregistrement doit acquitter les frais : 1° les frais occasionnés par les informations qui ont lieu en vertu de la loi du 16 juin 1824, pour constater l'état des magistrats qui, par suite de leurs infirmités doivent être admis à la retraite ; 2° les frais de poursuites disciplinaires contre les membres de l'ordre judiciaire, magistrats, avocats, avoués, notaires, greffiers et huissiers (Décis. minist. 17 juin 1823 et 26 septembre 1825) ; 3° les frais faits par

13

le ministère public lorsqu'il agit d'office dans les cas prévus par l'article 302, Code Napoléon, quand il demande aux termes de cette disposition, que tous ou quelques-uns des enfants des époux qui ont obtenu la séparation de corps soient confiés à l'un de ces époux ou à une tierce personne (Décis. du 14 février 1824.)

Ainsi si le ministère public triomphe, l'état des frais présenté par le procureur impérial au magistrat qui a jugé, est taxé par ce magistrat, et, sur l'exécutoire délivré par le greffier, l'administration de l'Enregistrement en poursuit le recouvrement, si les parties sont solvables. Si le ministère public succombe, les actes et dépenses ordonnés par lui sont acquittés par la même administration ; mais, dans ce cas, comme les jugements ne portent jamais de condamnation contre lui, alors la partie qui a gagné est obligée de payer ses propres dépens, c'est-à-dire son avoué, son avocat, et enfin tous les dépens qu'elle a faits, même le jugement, si elle en a besoin comme titre qu'elle veuille conserver. (Dalloz, rep. frais et dépens, n° 59.)

ARTICLE 123.

Il n'est pas dérogé par les présentes dispositions à celles de notre décret du 12 juillet 1807, concernant les droits à percevoir par les officiers de l'état civil.

Les droits à percevoir, en vertu du décret du 12 juillet 1807, n'ont pas changé, mais le prix du timbre ayant été augmenté, il en résulte que le coût d'une expédition est plus élevé qu'il ne l'était alors

Pour chaque expédition d'un acte de naissance, de décès ou de publication de mariage. .   » 30)
Timbre. 1 50)   1ᶠ 80

Pour chaque expédition d'actes de mariage et d'adoption.. . . . . „ 60   2ᶠ 10

Timbre.. . . . . 1 50

Dans les villes de 50,000 âmes et au-dessus pour chaque expédition d'acte de naissance, de décès ou de publication . . . . „ 50   2ᶠ „

Timbre.. . . . . 1 50

A Paris, pour chaque expédition d'acte de naissance, de décès et de publication de mariage. . . . . „ 75   2ᶠ 25

Timbre.. . . . . 1 50

Pour celles de mariage et d'adoption.. 1 50   3ᶠ „

Timbre 1 50

CHAPITRE III.

Des inscriptions hypothécaires requises par le ministère public.

ARTICLE 124.

Les frais d'inscription hypothécaire, lorsqu'elle sera requise par le ministère public, en conformité de l'article 121 du Code d'instruction criminelle, seront avancés par l'administration de l'Enregistrement, laquelle sera remboursée sur les biens des condamnés, dans les cas et aux formes de droit.

ARTICLE 125.

Il en sera de même dans tous les cas où le ministère public est tenu, conformément à la loi et aux décrets, de prendre des inscriptions d'office, dans l'intérêt des femmes, des mineurs, du Trésor, etc.

Quoique l'article 121, dont il est question dans l'article ci-contre, ait été abrogé par la loi du 14 juillet 1865, cette loi n'a pas proscrit la faculté de fournir le cautionnement en immeubles. En s'abstenant, dit l'exposé des motifs, de reproduire les dispositions relatives au cautionnement immobilier, le projet de loi n'entend pas exclure cette preuve de solvabilité, il la laisse dans le droit commun. Ce sera un moyen entre plusieurs. (Collect. des lois de Paul Dupont, année 1865, p. 361.)

Le ministère public doit prendre d'office des inscriptions hypothécaires :

1° Au profit des absents non représentés ;

2° Au profit des mineurs ou interdits, sur les immeubles appartenant à leur tuteur, à raison de la gestion et du jour de l'acceptation de la tutelle ;

3° Au profit des femmes mariées, sur les immeubles de leur mari, pour raison de leur dot et de leurs conventions matrimoniales, à compter du jour du mariage (Code civil 2135 et 2138.) ;

4° Au profit des aliénés non interdits, sur les immeubles de l'administrateur provisoire de leurs biens (Loi 3 juin 1838, art. 34, § 3.) ;

5° Au profit du Trésor public, sur les biens des condamnés, pour le recouvrement des frais de poursuite. (C. Inst. 121, § 3.)

Mais il ne faut pas oublier que la loi, en chargeant le ministère public de prendre, dans certains cas, inscription d'office, n'a eu pour but que de suppléer à la négligence ou à l'inaction de ceux qui devraient ou pourraient s'acquitter de ce soin. Il doit donc apporter, dans l'accomplissement de ce devoir, beaucoup de circonspection et de réserve et n'user de son droit qu'en présence d'une nécessité évidente.

CHAPITRE IV

Du recouvrement des amendes et cautionnements.

ARTICLE 126.

Les frais de recouvrement des amendes prononcées dans les cas prévus par le Code d'instruction criminelle et par le Code pénal, seront taxés conformément au tarif réglé par le décret du 16 février 1807 pour la procédure civile.

L'avance de ces frais ne sera point imputée par l'administration de l'Enregistrement, sur les fonds généraux des frais de justice criminelle ; elle s'en remboursera, suivant les formes de droit, sur les parties condamnées. En cas d'insolvabilité des condamnés, les frais de poursuite seront alloués à l'administration dans les comptes, en conformité de l'article 66 de la loi du 22 frimaire an VII.

ARTICLE 127.

Il en sera de même pour le recouvrement des cautionnements fournis à l'effet d'obtenir la liberté provisoire des prévenus, et dans les cas prévus par les articles 122 et 123 du Code d'instruction criminelle.

ARTICLE 128.

La même disposition est applicable, quant à la taxe, aux poursuites faites par les cautions, à l'effet d'obtenir la restitution, dans les cas de droit, des sommes déposées dans la caisse de l'administration de l'Enregistrement, aux termes de l'article 117 du Code d'instruction criminelle.

Les articles 117, 122 et 123, dont il est question dans les articles 127 et 128 ci-dessus, ont été abrogés par la loi du 14 juillet 1865 et remplacés par les articles ci-après :

Art. 120. — Dans le cas où la liberté provisoire aura été subordonnée au cautionnement, il sera fourni en espèces, soit par un tiers, soit par l'inculpé, et le montant en sera, suivant la nature de l'affaire, déterminé par le juge d'instruction, le tribunal ou la cour ; toute tierce personne solvable pourra également être admise à prendre l'engagement de faire représenter l'inculpé à toute réquisition de justice ou à défaut de verser au Trésor la somme déterminée.

Art. 121. — Si le cautionnement consiste en espèces, il sera versé entre les mains du receveur de l'Enregistrement et le ministère public, sur le vu du récépissé, fera exécuter l'ordonnance de mise en liberté.

S'il résulte de l'engagement d'un tiers, la mise en liberté sera ordonnée sur le vu de l'acte de soumission au greffe.

Préalablement à la mise en liberté avec ou sans cautionnement, le demandeur devra, par acte reçu au greffe, élire domicile, s'il est inculpé, dans le lieu où siége le juge d'instruction ; s'il est prévenu ou accusé, dans celui où siége la juridiction saisie du fond de l'affaire.

Art. 122. — Les obligations résultant du cautionnement cessent si l'inculpé se présente à tous les actes de la procédure et pour l'exécution du jugement. La première partie du cautionnement est acquise à l'État du moment que l'inculpé, sans motif légitime d'excuse, est constitué en défaut de se présenter à quelque acte de la procédure ou pour l'exécution du jugement. Néanmoins, en cas de renvoi des poursuites, d'absolution ou d'acquittement, le jugement ou l'arrêt pourra ordonner la restitution de cette partie du cautionnement.

Art. 123. — La seconde partie du cautionnement est toujours restituée en cas d'acquittement, d'absolution ou de renvoi des poursuites. En cas de condamnation, elle est affectée aux frais et à l'amende, dans l'ordre énoncé dans l'article 114 de la même loi ; le surplus, s'il y en a, est restitué.

Art. 124. — Le ministère public, soit d'office, soit sur la provocation de la partie civile, est chargé de produire à l'administration de l'Enregistrement, soit un certificat du greffe constatant, d'après les pièces officielles, la responsabilité encourue dans le cas de l'article 122, soit l'extrait du jugement dans le cas prévu par l'article 123, § 2. Si les sommes dues ne sont pas déposées, l'administration de l'Enregistrement en poursuit le recouvrement par voie de contrainte. La caisse des dépôts et consignations est chargée de faire, sans délai, aux ayants droits, la distribution des sommes déposées ou recouvrées. Toute contestation sur ces divers points est vidée sur requête, en chambre du conseil, comme incident de l'exécution du jugement.

CHAPITRE V

Du transport des greffiers.

ARTICLE 129.

Lorsqu'il y aura lieu au déplacement des registres, minutes et autres papiers du greffe, les frais d'emballage et de transport seront acquittés, comme frais généraux de justice, avec les formalités prescrites par le présent décret.

ARTICLE 130.

Dans les cas prévus ci-dessus, il sera dressé sans frais par le greffier, et, à son défaut, par le juge de paix, un bref état des registres et papiers à transporter.

La décharge du transport sera donnée au bas de cet état.

Les mandats de payement, pour frais de transport, seront rédigés conformément au modèle numéro 32.

Les honoraires dus aux personnes employées au triage

et à l'inventaire des papiers, minutes et registres des juri-
dictions supprimées doivent être payés par vacations, en
prenant pour base de la fixation les prix déterminés par
l'article 22 du réglement du 18 juin 1811.

ARTICLE 131.

Le mode et les frais du transport seront réglés
par le préfet ou le sous-préfet de l'arrondissement,
et une copie du marché sera envoyée au ministre
de la justice.

Ces marchés ne seront soumis à l'enregistrement que pour le droit fixe d'un franc.

TITRE III

DU PAIEMENT ET DU RECOUVREMENT DES FRAIS DE JUSTICE CRIMINELLE.

CHAPITRE PREMIER

Du mode de paiement.

ARTICLE 152.

Le mode de paiement des frais diffère suivant leur nature et leur urgence, il est réglé ainsi qu'il suit :

ARTICLE 153.

Les frais urgents seront acquittés sur simple taxe et mandat du *juge*, mis au bas des réquisitions, copies de convocations ou de citations, états ou mémoires des parties.

L'expression de *juge* de l'article 133 du décret, ne doit

pas être prise dans l'acception rigoureuse du terme, et l'officier du ministère public peut, lorsque dans les cas prévus par les articles 32, 33, 43 et 44 du Code d'instruction criminelle, il se transporte sur les lieux pour constater un flagrant délit, faire payer comme frais urgents les indemnités à réclamer par les médecins ou par les autres personnes dont il a requis les services. (Décis. du 10 novembre 1812.)

Cette décision s'applique naturellement aux officiers de police auxiliaires du procureur impérial.

Lorsque des frais urgents ont été acquittés dans le cours d'une instruction, il est nécessaire de joindre à la procédure un double des taxes, ou des notes indiquant la nature et le montant des dépenses, c'est le seul moyen d'éviter des omissions préjudiciables au Trésor, lors de la liquidation des frais.

Les pièces à produire pour obtenir paiement sont : 1° la taxe du juge à la suite de la réquisition (Modèle n° 10) ; 2° quittance des parties prenantes sur la taxe.

ARTICLE 134.

Sont réputés frais urgents :

1° Les indemnités des témoins et des jurés ;

2° Toutes les dépenses relatives à des fournitures ou opérations pour lesquelles les parties prenantes ne sont pas habituellement employées.

ARTICLE 135.

Lorsqu'un témoin se trouvera hors d'état de fournir aux frais de son déplacement, il lui sera délivré par le président de la cour ou du tribunal du lieu de sa résidence, et, à son défaut, par le juge de paix, un mandat provisoire, à compte de ce qui pourra lui revenir pour son indemnité.

Le receveur de l'enregistrement qui acquittera ce mandat, fera mention de l'à-compte en marge ou en bas de la copie de la citation.

Ce mandat sera rédigé dans la forme indiquée par la septième taxe du modèle n° 14.

La somme allouée à titre d'à-compte ne doit pas excéder le montant de l'indemnité qui est due pour aller.

Le mot *témoin*, dont se sert l'article, est plutôt démonstratif que limitatif ; si on avait besoin des services d'un expert auquel des indemnités de transport dussent être allouées et qu'il ne pût faire l'avance des frais de son déplacement, les magistrats seraient fondés à lui faire payer par les préposés de l'enregistrement un à compte en se renfermant dans les bornes dont il vient d'être parlé. (De Dalmas, p. 347.)

ARTICLE 156.

Dans le cas où l'instruction d'une procédure criminelle exigerait des dépenses extraordinaires et non prévues par le présent décret, elles ne pourront être faites qu'avec l'autorisation motivée de nos procureurs généraux, sous leur responsabilité personnelle, et à la charge par eux d'en informer sans délai le ministre de la justice.

ARTICLE 157 (ABROGÉ).
ARTICLE 158 (ABROGÉ).
ARTICLE 159 (ABROGÉ).

Cependant il est quelques cas où le procureur impérial doit, dans l'intérêt du service, autoriser la dépense sous sa propre responsabilité, sauf à en rendre immédiatement compte au procureur général et à M. le garde des sceaux. M. de Dalmas cite celui où un président d'assises, après l'ouverture des débats, ordonnerait, en vertu de son pouvoir discrétionnaire, une levée de plans. Il en serait de même de toute autre opération non prévue par les tarifs.

Lorsque le procureur général a autorisé une dépense extraordinaire telle que la levée d'un plan, il doit faire connaître, en en rendant compte au ministre de la justice, la somme à laquelle s'élève cette dépense. (Décis. 4 mars 1826.)

Quand l'expédition d'un contrat est nécessaire pour l'instruction d'une procédure criminelle, il faut suivre le mode prescrit pour les dépenses extraordinaires. (Décis. 7 avril 1827.)

Les dépenses extraordinaires, telles que les frais de voitures accordés aux témoins, ne peuvent être faites qu'avec l'autorisation motivée du procureur général et à la charge par lui d'en rendre compte sans délai. (Décis. 28 avril 1827.)

L'abrogation de ces articles a été prononcée par l'ordonnance du 28 novembre 1838, dont nous donnerons le texte infra.

Les états ou mémoires des frais de justice en matière criminelle, correctionnelle ou de simple police, ne sont plus soumis à la formalité du *visa* par les préfets. Les préfets demeurent chargés de l'ordonnancement des frais d'extraction des prévenus, des frais d'exécution des arrêts criminels, d'emballage et de transport des archives des greffes. Les frais urgents continuent à être acquittés sur simple taxe du juge ou du ministère public ; mais les états de ces frais, dressés par le receveur d'enregistrement, ne devront plus être soumis à la formalité de l'exécutoire. Les états ou mémoires des frais doivent être dressés par les parties prenantes non plus en triple, mais en double expédition ; l'une sur *papier timbré* servira au paiement et sera acquittée par les parties prenantes ; l'autre sur *papier libre* sera transmise au ministère de la justice par le procureur général ou le procureur impérial, dans la première quinzaine du mois qui suit le mois de l'ordonnancement de ces états ou mémoires par les magistrats de la cour ou du tribunal de première instance ou de simple police. Il faut y joindre le double que remettra le receveur de l'enregistrement de l'état des frais urgents acquittés sur une simple taxe des magistrats. Les juges de paix doivent faire parvenir exactement aux procureurs les doubles des mémoires qu'ils auront taxés. Le procureur impérial réunit ensuite tous les états ou mémoires dans un bordereau rédigé dans la forme du modèle annexé, et il est fourni, par le ministère, des exemplaires quand il en est besoin. L'officier du ministère public ne doit requérir le paiement de tout mémoire qu'après une exacte vérification de la dépense, et le juge compétent ne doit délivrer une ordonnance d'exécutoire qu'après examen de la légitimité des droits ou salaires réclamés. Les parties prenantes, dont les actes sont très-multipliés, tels que les greffiers et les huissiers, doivent fournir leurs mémoires tous les trois mois ou tous les six mois au plus tard. Du reste, on ne peut admettre les frais à la taxe, que dans l'année qui suit leur date. Les magistrats de l'ordre judiciaire deviennent ainsi, à l'égard du Trésor public, des ordonnateurs secondaires du ministère de la justice et les dépenses par eux ordonnancées étant définitives pour les comptables qui les ont régulièrement acquittées, les receveurs de l'enregistrement demeureront chargés seulement du redressement des irrégularités qui proviendront de leur fait ; mais ce sera par les soins du procureur impérial que seront remboursés ou régularisés les paiements qui n'auront pas été admis lors de la révision mensuelle faite dans les bureaux du ministère de la justice. (Circ. 8 décembre 1838.)

Les officiers du parquet ne doivent requérir le paiement d'un mémoire de frais de justice criminelle qu'autant que les deux expéditions l'une sur papier timbré, l'autre sur papier libre leur sont remises. Les juges de paix doivent en faire autant à l'égard des mémoires de frais en matière de simple police. (Circ. 23 avril 1856.)

ARTICLE 140.

Les formalités de la taxe et de l'exécutoire seront remplies sans frais par les présidents, les juges d'instruction et les juges de paix, chacun en ce qui le concerne. — L'exécutoire sera délivré sur les réquisitions de l'officier du ministère public, lequel signera la minute de l'ordonnance.

Les réquisitoires du ministère public, les exécutoires du magistrat qui aura fait la taxe, seront rédigés d'après les modèles mis au bas de chacun des modèles d'états ou mémoires ci-joints. Quand ces magistrats ne sont pas d'accord sur quelques articles, chacun d'eux doit faire connaître les motifs de son opinion.

ARTICLE 141.

Les juges qui auront décerné les mandats ou

exécutoires, et les officiers du ministère public qui y auront apposé leur signature seront responsables de tout abus ou exagération dans les taxes , solidairement avec les parties prenantes et sauf leur recours contre elles.

ARTICLE 142.

Les présidents et juges d'instruction ne pourront refuser de taxer et de rendre exécutoires, s'il y a lieu, des états ou mémoires de frais de justice criminelle, par la seule raison que ces frais n'auraient pas été faits par leur ordre direct, pourvu toutefois qu'ils aient été faits en vertu des ordres d'une autorité compétente dans le ressort de la cour ou du tribunal que ces juges président ou dont ils sont membres.

ARTICLE 143 (ABROGÉ).

ARTICLE 144.

Les états ou mémoires seront dressés de manière que nos officiers de justice et les préfets puissent y apposer leurs taxes, exécutoires, réglements et *visa* ; autrement ils seront rejetés, ainsi que les mémoires de greffiers ou d'huissiers, qui ne seraient point conformes aux modèles arrêtés par notre grand juge ministre de la justice, comme il est dit dans l'article 82 ci-dessus.

Avant de viser ou taxer les mémoires, les magistrats doivent se faire représenter les réquisitions, en vertu desquelles les actes qui y sont compris ont été faits. Les mémoires doivent être rédigés par ordre de dates et par articles, désignant succinctement la nature et les circonstances des crimes, délits et contraventions, qui ont motivé les diligences. La même indication doit se trouver sur le registre tenu au parquet, conformément à l'article 83. (Circ. 16 août 1842.)

ARTICLE 145 (ABROGÉ).

ARTICLE 146.

Les états ou mémoires qui ne s'élèveront pas à plus de dix francs ne seront point sujets à la formalité du timbre.

ARTICLE 147.

Aucun état ou mémoire fait au nom de deux ou plusieurs parties prenantes ne sera rendu exécutoire, s'il n'est signé de chacune d'elles ; le paiement ne pourra être fait que sur leur acquit individuel ou sur celui de la personne qu'elles auront autorisée spécialement, et par écrit, à toucher le montant de l'état ou mémoire. Cette autorisation et l'acquit seront mis au bas de l'état et ne donneront lieu à la perception d'aucun droit.

ARTICLE 148.

Les états ou mémoires qui comprendront des dépenses autres que celles qui, d'après notre présent décret, doivent être payées sur les fonds généraux des frais de justice, seront rejetés de la taxe et du *visa* sauf aux parties réclamantes à diviser leurs mémoires par nature de dépenses, pour le montant en être acquitté par qui de droit.

Voir article 158 sur les mémoires de frais qui intéressent des parties civiles.

ARTICLE 149 (ABROGÉ).

ARTICLE 150.

Les frais d'extradition des prévenus, accusés ou condamnés, seront acquittés sur simple mandat du préfet le plus voisin du lieu où se fera l'extradition, d'après les états de dépense dûment certifiés par les autorités compétentes. Ces états demeureront joints aux mandats des préfets.

Les mandats seront rédigés conformément au modèle numéro 46.

ARTICLE 151.

Les gages des exécuteurs des jugements criminels et de leurs aides seront payés par mois ou par trimestre sur simples mandats des préfets.

Ce mandat sera mis au bas de l'état qui sera dressé conformément au modèle numéro 31.

ARTICLE 152 (ABROGÉ).

ARTICLE 153.

Le secrétaire général de l'administration de l'enregistrement à Paris, et les directeurs de cette administration dans les départements ne pourront refuser leur visa sur les mandats ou exécutoires qui auront été délivrés conformément aux dispositions de notre présent décret, si ce n'est dans les cas suivants : 1° s'il existe des saisies ou oppositions au préjudice des parties prenantes, ainsi qu'il est dit dans notre décret du 13 pluviôse an XIII ; 2° si ces mandats ou exécutoires comprennent des dépenses autres que celles dont l'administration de l'Enregistrement est chargée de faire l'avance sur les crédits ouverts à notre grand juge ministre de la justice. Dans ces deux cas, le secrétaire général et les directeurs de l'administration feront mention, en marge ou au bas des mandats ou exécutoires, des motifs de leur refus de les viser.

D'après cet article 153, le secrétaire général de l'administration de l'Enregistrement à Paris, et les directeurs de cette administration dans les départements, ne sont pas, à la vérité, chargés d'examiner le mérite des allocations en elles-mêmes ; mais ils doivent, avant d'apposer leur visa sur les mandats ou exécutoires, s'assurer que ces mandats ou exécutoires ont été délivrés conformément aux dispositions du décret du 18 juin et des réglements postérieurs, qu'il n'existe aucune saisie ou opposition au préjudice des parties prenantes, et que les mandats ou exécutoires ne comprennent pas de dépenses autres que celles dont l'administration de l'Enregistrement est chargée de faire l'avance. En ne se conformant pas aux diverses dispositions de cet article, ils s'exposent personnellement, ou, au moins, ils exposent la régie à toutes les conséquences d'un payement irrégulièrement fait par leurs ordres,

Le ministre de la justice est chargé de faire procéder à la vérification de l'état général et des états ou mémoires de frais de justice criminelle, par l'article 169 du réglement ; il l'arrête à la somme totale des payements qui lui paraissent régulièrement faits ; et il ne peut admettre les taxes, états ou mémoires qui ne sont point rédigés conformément aux modèles annexés aux présentes instructions, ni les dépenses étrangères à son département. Ainsi toutes ces taxes, tous ces états ou mémoires seraient rejetés, sans dresser des rôles de restitution, par cela seul que les payements irréguliers sont le fait des préposés de l'administration de l'Enregistrement et des Domaines.

ARTICLE 154.

Les mandats et exécutoires délivrés pour les causes et dans les formes déterminées par notre présent décret, seront payables chez les receveurs établis près le tribunal de qui ils émaneront.

D'après un arrêté du Gouvernement du 22 novembre 1797 (2 frimaire an VI), les receveurs de l'enregistrement doivent, à peine de destitution, acquitter, à l'instant même de la présentation qui en est faite à leur bureau, sans distinction d'heures, ni de jours, les taxes des témoins. Toutefois, il a été décidé que pour ces payements (les taxes à témoins), les bureaux n'étaient tenus à se trouver ouverts que depuis une heure avant le lever du soleil jusqu'à une heure après son coucher. (De Dalmas, page 373.)

ARTICLE 155.

Les greffiers et les huissiers ne pourrront réclamer directement des parties le paiement des droits qui leur sont attribués.

Quoique la défense contenue dans cet article, dit M. de Dalmas, soit rédigée en termes généraux, elle est susceptible de plusieurs exceptions.

Par exemple, lorsque les accusés usent de la faculté que leur réserve l'article 321 du Code d'instruction criminelle, de faire citer des témoins à décharge, les frais de cette citation, comme ceux de la notification de la liste de ces mêmes témoins, sont à leur charge, dès-lors les huissiers, dont le ministère est requis, peuvent valablement recevoir leurs salaires des personnes qui les emploient, ils sont même en droit d'en exiger le payement d'avance, autrement, ils pourraient bien, dans la plupart des cas, ne rien recevoir.

Il en est de même encore quand la partie plaignante fait citer le prévenu directement à l'audience. (Art. 182 du C. I. C.) Enfin, lorsque dans les cas prévus par l'article 159 ci-après, le juge décerne exécutoire directement contre la partie civile, il est bien clair qu'alors, en effet, les huissiers et greffiers, comme les autres parties prenantes, peuvent recevoir leur payement des mains mêmes de cette partie.

L'ordonnance du 28 novembre 1838 est ainsi conçue :

Art. 1er. — Les états ou mémoires des frais de justice, non réputés urgents, et les états récapitulatifs des frais urgents, ne seront plus soumis au visa des préfets.

Art. 2. — Il ne sera plus fait que deux expéditions de

chaque état ou mémoire de frais de justice non réputés urgents, l'un sur papier timbré, l'autre sur papier libre. Chacune de ces expéditions sera revêtue de la taxe et de l'exécutoire du juge. La première sera remise au receveur de
l'enregistrement avec les pièces au soutien des articles susceptibles d'être ainsi justifiés. La seconde sera transmise à
notre ministre de la justice avec le bordereau mensuel dont
il sera parlé ci-après. Le prix du timbre, tant du mémoire
que des pièces à l'appui, est à la charge de la partie prenante.

Art. 3. — Les frais non réputés urgents continueront à
être payés sur les états ou mémoires des parties prenantes ;
ils seront taxés, article par article, soit par les présidents
et juges des cours et tribunaux, soit par les juges de paix,
et ils seront payables aussitôt qu'ils auront été revêtus de
l'ordonnance du magistrat taxateur. Cette ordonnance sera
toujours décernée sur le réquisitoire de l'officier du ministère public, qui devra préalablement procéder à la vérification des mémoires. La taxe de chaque article rappellera la
disposition législative ou réglementaire sur laquelle elle
sera fondée.

Art. 4. — Au commencement de chaque mois, les receveurs de l'enregistrement réuniront en un seul état, dressé
en double expédition, tous les frais urgents qu'ils auront
acquittés sur de simples taxes ou mandats du juge, pendant
le mois précédent. Cet état ne sera plus soumis à la formalité de la taxe et de l'exécutoire si les receveurs de l'enregistrement en adressent une expédition, à l'expiration de chaque mois, au directeur de l'enregistrement dans chaque
département, avec les taxes à l'appui. La seconde expédition de cet état sera par eux envoyée soit à nos procureurs
généraux, soit à nos procureurs près les tribunaux, pour
être transmise à notre ministre de la justice.

Art. 5. — Les mémoires qui n'auront pas été présentés à la taxe du juge dans le délai d'une année à partir de l'époque à laquelle les frais auront été faits, ou dont le paiement n'aura pas été réclamé dans les six mois de leur date, ne pourront, conformément à l'article 149 du décret du 18 juin 1811, être acquittés, qu'autant qu'il sera justifié que les retards ne sont point imputables à la partie dénommée dans l'exécutoire. Cette justification ne pourra être admise que par notre ministre de la justice, après avoir pris l'avis de nos procureurs généraux, s'il y a lieu.

Art. 6. — Au commencement de chaque mois, nos procureurs généraux près des cours, nos procureurs près des cours d'assises et des tribunaux de première instance, réuniront dans un bordereau, qui sera dressé dans la forme indiquée par notre ministre de la justice, tous les doubles des états et mémoires des frais taxés et mandatés dans leur ressort pendant le mois précédent. Le bordereau et les pièces à l'appui seront adressés à notre ministre de la justice dans la première quinzaine de chaque mois.

Art. 7. — Les articles 137, 138, 139, 143, 145, 149, 152, 166 et 173 du décret du 18 juin 1811 sont rapportés.

CHAPITRE II

De la liquidation et du recouvrement des frais.

ARTICLE 156.

La condamnation aux frais sera prononcée, dans toutes les procédures, *solidairement* contre tous les auteurs et complices du même fait, et contre les personnes civilement responsables du délit.

ARTICLE 157.

Ceux qui se seront constitués parties civiles, *soit qu'ils succombent ou non*, seront personnellement tenus des frais d'instruction, expédition et signification des jugements, sauf leur recours contre les prévenus ou accusés qui seront condamnés, et contre les personnes civilement responsables du délit.

D'après les dispositions générales de cet article, toute partie civile est responsable, envers l'Etat, des frais dont il fait l'avance, lors même qu'elle gagne sa cause. Ainsi, la décision judiciaire qui termine le procès soit dans la chambre du conseil (¹), soit dans la chambre d'accusation, soit à l'audience, doit toujours la condamner aux dépens sauf son recours contre qui de droit. On ne peut plus douter aujourd'hui que tel ne soit le sens de l'article 157 ; la cour de cassation l'a formellement jugé plusieurs fois, en cassant des arrêts qui avaient refusé de condamner aux frais envers l'Etat, sauf leur recours contre les condamnés, les parties civiles qui avaient cependant fait admettre leurs conclusions. (Cass. 13 mai 1813, 7 juillet 1820, 29 janvier 1829, 31 juillet et 12 novembre même année, et circ. 3 mai 1825, Cass. 7 décembre 1837.)

Mais cette interprétation, puisée d'ailleurs dans le texte même de l'article 157, se trouve en opposition avec le principe posé dans les articles 162, 194 et 368 du Code d'ins-

---

(¹) La chambre du conseil a été supprimée par la loi du 17 juillet 1856.

truction criminelle, qui disposent que la partie *qui succom-bera* sera condamnée aux frais envers l'Etat et envers l'autre partie.

Le texte de l'article 157 et les arrêts de la cour suprême qui le confirment, donnent raison au proverbe, *que les battus paient l'amende*, puisque c'est celui au préjudice duquel le délit aura été commis et qui se sera porté partie civile qui sera condamné aux dépens, sauf son recours sans doute, mais recours qui peut bien souvent n'être qu'illusoire. Il est regrettable, disait à ce propos M. Dupin, de voir les justes prescriptions de la loi mises de côté pour les dispositions illégales du décret.

ARTICLE 158.

Sont assimilés aux parties civiles :

1° Toute régie ou administration publique relativement aux procès suivis soit à sa requête, soit même d'office et dans son intérêt ;

2° Les communes et les établissements publics, dans les procès instruits, ou à leur requête, ou même d'office, pour crimes ou délits commis contre leurs propriétés.

Il résulte de cet article : 1° que toute administration publique qui possède des biens ou qui perçoit des droits ou impôts quelconques, doit être considérée comme partie civile ; 2° que ces administrations ou établissements sont parties civiles, soit que le procès ait lieu à leur requête ou sur leur plainte, ou même d'office, et sont par conséquent tenues des frais si elles succombent.

Toutefois la jurisprudence a établi, à cet égard, la distinction suivante : Les administrations chargées de la perception des droits et revenus publics, peuvent, lorsqu'elles succombent, être condamnées aux dépens, si elles agissent dans un intérêt purement pécuniaire, mais non si l'instance, est poursuivie dans l'intérêt de l'ordre social. (Cass. 17 septembre 1825.) Ainsi, l'administration des douanes ne peut-être condamnée à supporter les dépens d'une instance que lorsque cette instance est poursuivie en sa présence, ou au moins dans son intérêt, c'est-à-dire quand elle peut en profiter ; en conséquence, elle ne peut supporter les dépens faits à l'occasion d'une poursuite dirigée contre un préposé de cette administration, accusé d'avoir, dans l'exercice de ses fonctions, blessé quelqu'un d'un coup de fusil. (Cass. 19 mars 1830.) Et, par exemple, lorsqu'il s'agit de poursuites pouvant donner lieu à des peines afflictives et infamantes, les administrations et établissements publics ne doivent pas être tenus des frais ; l'intérêt public domine alors dans la poursuite. (Circ. 3 mai 1825. — Dalmas, 394 et 397. — Dalloz, *Frais et dépens* n° 999.)

Depuis, le conseil d'État a émis un avis conçu dans les mêmes principes : « Considérant que l'article 158 du décret « du 18 juin 1811, en déclarant les régies et administra- « tions publiques passibles des frais occasionnés par les « instances suivies dans leur intérêt, n'a eu et n'a pu avoir « en vue que les procès intentés dans l'intérêt de la per- « ception, en vertu des lois spéciales qui ont établi l'impôt « ou qui en ont assuré le recouvrement par des dispositions « particulières ; qu'en effet, ces poursuites ayant lieu prin- « cipalement dans l'intérêt de ces administrations et pou- « vant amener une recette à leur profit, il était juste que « les frais auxquels elles pouvaient donner lieu, fussent à « leur charge, que ces administrations eussent ou non pris « la qualité de parties civiles ; mais qu'il ne saurait en être « ainsi des instances poursuivies pour délits communs, pré-

« vus par le lois ordinaires et dont la répression tout en
« présentant un intérêt moral à ces administrations, a lieu
« principalement dans l'intérêt de l'ordre social, est d'a-
« vis que l'article 158 du décret du 18 juin ne peut être
« appliqué aux régies et administrations publiques que dans
« les instances qui sont suivies en vertu des lois spéciales
« relatives à ces administrations, (15 janvier 1834.) » La
circulaire ci-après du 27 juin 1835, contient les mêmes
instructions :

« L'article 158 du décret du 18 juin 1811, en déclarant
les administrations publiques passibles des frais occasionnés par les instances suivies d'office et dans leur intérêt,
n'a eu en vue que les procès intentés dans l'intérêt de la
perception, en vertu des lois spéciales qui ont établi l'impôt ou qui en ont assuré le recouvrement ; il est juste dès-
lors que les frais auxquels ces poursuites donnent lieu
soient à leur charge, que ces administrations aient pris
ou non la qualité de partie civile ; mais il n'en doit pas
être ainsi dans les instances relatives aux délits non prévus par les lois spéciales et dont la répression est provoquée principalement dans l'intérêt général de la société.
Cet article ne doit donc être appliqué aux administrations
publiques que dans les instances poursuivies en vertu de
lois spéciales relatives à ces administrations. Quant aux
frais des autres procédures, ils seront désormais avancés
par l'administration de l'enregistrement pour le compte du
ministre de la justice, sauf le cas où une administration
publique serait intervenue au procès et se serait constituée
partie civile. Il faut apporter une grande réserve dans les
poursuites exercées sur la seule dénonciation des préposés, à raison de faits n'intéressant pas directement les
administrations ; ce n'est que pour les délits qui compro-
mettent réellement le bon ordre, et dont la répression inté-

resse la vindicte publique, qu'il convient de poursuivre d'office. Dans les autres cas, on ne doit donner suite aux plaintes qu'autant que les plaignants se constituent parties civiles, les frais restent alors à la charge de l'administration. »

Ces principes sont encore confirmés par une circulaire plus récente :

« L'article 158 ne s'applique qu'au seul cas où la poursuite, intentée dans l'intérêt *d'une administration publique*, en vertu d'une loi spéciale, peut amener *une recette à son profit*, et les frais de justice doivent être supportés par cette administration ; ils demeurent à la charge du Trésor, quand les administrations publiques n'ont qu'un *intérêt moral* à la répression d'un délit commun. Mais si au cours d'une action intentée par le ministère public pour un délit commun, en vertu d'une loi ordinaire, telle par exemple que la loi du 29 décembre 1851 sur les cabarets, ou la loi du 24 mai 1824, sur les détenteurs d'armes ou de munitions de guerre, la régie ou une administration publique intervient spontanément pour faire prononcer à son profit les amendes édictées par l'article 75 de la loi fiscale du 28 avril 1816, et par les lois spéciales du 13 fructidor an V, du 22 pluviôse an XIII, elle ne doit supporter que les frais nécessités par son intervention *et rien de plus*. » (Circul. 19 juillet 1852.)

Mais si les administrations n'ont le caractère de parties civiles qu'au cas où elles ont un intérêt pécuniaire à la répression du délit et qu'elles n'agissent qu'en force des lois spéciales de leur institution, on doit reconnaître que l'obligation des administrations s'étend dans ce cas à tous les frais, tant de première instance que d'appel, de quelque nature qu'ils soient, tels que voyages de magistrats, droits et indemnités de greffiers, honoraires des médecins, experts, etc. ; aucune distinction ne peut être admise entre les diverses instances et les diverses espèces de frais. (Circ. 3 mai 1825.)

Le directeur général des contributions indirectes ayant refusé, dans un procès où son administration était partie civile, de payer les frais de transport des prévenus, il a été décidé que ces dépenses étaient des frais d'instruction qui devaient être acquittés par la partie civile. (Lettre du garde des sceaux du 20 mai 1823.)

Lorsqu'un individu est poursuivi à la fois pour plusieurs faits prévus par les lois pénales, dont les uns ont porté préjudice à une administration publique, tandis que la répression des autres intéresse uniquement la société en général, et qu'il est impossible de distinguer avec précision parmi ces faits, ceux qui sont exclusivement à la charge de l'Etat et ceux dont l'administration poursuivante est tenue, la totalité des frais doit être ordonnancée sur les fonds généraux du ministère de la justice. (Décis. du 22 mars 1826.)

On doit considérer comme parties civiles dans le sens de l'article 158 du tarif criminel, les régies ou administrations, agrégations ou établissements qui suivent :

1° *La direction des contributions indirectes* pour toutes les contraventions à la perception des droits qu'elle est chargée de recouvrer, tant en vertu des lois de son institution, qu'en vertu des attributions qui lui ont été conférées postérieurement, par exemple, les contraventions concernant les lois sur la garantie des matières d'or et d'argent, sur la saisie des poudres ;

2° *L'administration des douanes.* Les principes exposés plus haut lui étant applicables, nous nous bornerons aux observations suivantes : 1° Des tribunaux, en réglant les frais dans diverses affaires de cette administration, avaient cru que les employés des douanes devaient être assimilés aux militaires sous les drapeaux et que dès-lors ils n'avaient droit à aucune indemnité comme témoins. C'était une erreur. Ces employés ne voyageant pas par étapes, ils ne reçoivent en route ni la nourriture ni le logement, il n'y a donc pas parité et assimilation possibles entre eux et les militaires. Mais comme ils reçoivent un traitement à raison d'un service public, ils n'ont pas droit à la taxe de comparution et ne peuvent réclamer que l'indemnité de voyage, toutes les fois qu'ils ont eu plus d'un myriamètre à parcourir. (Déc. ministérielle 21 sept. 1824 et art. 32 du décret.); 2° aux termes de l'art. 40 de la loi du 21 avril 1818, les employés révoqués, qui n'obtempèrent pas dans le mois à la sommation d'accomplir leur engagement de quitter le rayon frontière, sont poursuivis devant le tribunal correctionnel. La sommation dont il s'agit ici n'est pas un simple acte administratif, mais bien un véritable exploit qui doit être notifié par le ministère d'un huissier ou d'un agent de la force publique, et qui doit être enregistré dans les quatre jours. (L. 22 frimaire an VII, art. 20 et 34 ; Décis. du garde des sceaux, 13 décembre 1820.); 3° enfin il a été jugé, quant à la taxe des dépenses en matière de douanes, que la condamnation aux quatre cinquièmes des frais d'appel prononcée contre l'administration des douanes, lorsque cette condamnation ne porte pas taxe de ces frais, ne peut pas être considérée comme comprenant les émoluments dûs à l'avoué de la partie adverse ; par suite elle ne peut demander la cassation de cette décision, sous prétexte qu'on met à sa charge les frais qu'elle ne peut devoir en aucun cas. (Cass. 18 octobre 1837.)

3° *L'administration des forêts.* Cette administration a un intérêt pécuniaire, en raison des amendes, dans tous les procès qui ont pour objet la répression des délits commis dans les bois de l'Etat et dans les bois des communes et établissements publics que le Code forestier a soumis au même régime, ainsi que dans ceux qui sont dirigés contre des propriétaires pour défrichement non autorisé de coupes d'arbres, etc.; on doit donc la considérer comme partie civile dans tous les procès. Ces délits ou contraventions ne constituent pas de délits communs, parce qu'ils ont trait aux lois spéciales qui gouvernent les forêts. Mais si par exemple, le délit forestier prenait le caractère de vol, alors d'après les principes émis par le Conseil d'Etat et par la cour de cassation, l'administration forestière ne serait plus partie civile et ne devrait pas être condamnée aux dépens, quoiqu'elle eût dressé procès-verbal et suivi l'audience sur ce procès-verbal ; du moment où il y a délit commun, l'administration publique s'efface devant le magistrat chargé de la répression des crimes et des délits. Comme les bois des communes sont soumis au même régime que les bois de l'Etat, il résulte de là, que l'administration des forêts peut poursuivre les délits qui s'y commettent Dans ce cas c'est contre elle que doit être prononcée la condamnation aux frais, sauf à se faire rembourser du montant de cette condamnation soit par les communes, soit par les condamnés. (Décis. ministérielle, 27 mars 1822.)

Les extraits des jugements en matière forestière, délivrés au ministère public, sont à la charge de l'administration des forêts comme partie civile; les seuls extraits dont elle ne doive pas supporter l'avance sont ceux qui sont délivrés aux receveurs de l'enregistrement. (Circ. de l'administration des forêts, 18 mars 1829.)

Les états de frais de justice, en matière de délits forestiers, doivent être rédigés par les agents forestiers, les greffiers et les huissiers, sur les imprimés fournis par l'administration des forêts. Ces états seront fournis par trimestre, lorsque le montant s'en élèvera au moins à cent francs, et par semestre seulement si le montant n'atteint pas cette somme. Ils seront dressés en double expédition, l'un sur papier libre pour l'administration des forêts, et l'autre sur papier visé pour timbre ou timbré à l'extraordinaire, pour être annexé aux mandats de paiement. Les frais de timbre sont à la charge des agents, greffiers et huissiers, et acquittés au moment où ces états seront timbrés ou visés pour timbre. Les états, dont le montant ne s'élève pas à plus de cent francs, sont exempts de timbre. Les greffiers et les huissiers présenteront leurs états de frais aux agents forestiers, chargés des poursuites dans les arrondissements communaux, pour être par eux vérifiés et arrêtés. Ces états, ainsi que ceux des agents forestiers, seront remis au procureur impérial, et, sur son réquisitoire, rendus exécutoires par le président du tribunal; l'agent forestier, chargé des poursuites, les adressera ensuite au préfet, pour être revêtus de son arrêté. Des mandats de payement seront ensuite délivrés au profit de la partie prenante. (Instruction de l'administration des forêts du 24 janvier 1834.)

Les greffiers ne peuvent refuser de communiquer aux inspecteurs des forêts, sans frais et chaque fois qu'ils le demandent, les jugements rendus à leur requête. Un greffe est un dépôt public où les parties intéressées peuvent puiser les renseignements dont elles ont besoin. Le même droit appartient à toute régie, commune, établissement public. La communication à l'administration des forêts la met à même de voir les jugements dont elle doit former appel. Cette communication n'a rien de commun avec le droit de vérification des minutes des greffes qui n'appartiennent qu'aux magistrats et aux employés de l'enregistrement. (Circ. 5 juillet 1842.) Cette faculté n'emporte pas non plus, pour les agents forestiers, le droit de prendre copie des jugements ni des dépens liquidés. Ces copies doivent être payées aux greffiers, conformément aux articles 48 et 51 du décret. (Circ. 24 janvier 1852.)

4° *L'administration des ponts et chaussées* pour toutes les poursuites en matière de pêche fluviale. En vertu du décret du 29 avril 1862, la surveillance de la police et l'exploitation de la pêche fluviale se trouvent placées dans les attributions du ministère de l'agriculture, du commerce et des travaux publics et confiées à l'administration des ponts et chaussées. Les poursuites seront faites à la diligence du ministère public et les frais payés sur les fonds du service de surveillance de la pêche fluviale. (Circ. min. agricult. et commerce, 12 juin 1863.) Mode des poursuites : Les procès-verbaux dressés par les *gardes pêches* sont transmis par eux à l'ingénieur ordinaire, puis, par celui-ci, à l'ingénieur en chef qui les adresse ensuite, avec ses observations, au procureur impérial, ceux dressés par les autres officiers de police judiciaire sont par eux adressés directement au procureur impérial qui, avant de poursuivre, les communique *au besoin, et s'il le juge convenable*, à l'ingénieur en chef, pour avoir ses observations et son avis. Dans tous les cas, les poursuites sont exercées par les soins et à la diligence du ministère public. (Inst. 28 juillet 1863.) *Remboursement des frais :* Il faut distinguer entre ceux faits pour arriver à la condamnation, et ceux faits pour arriver au recouvrement de la condamnation. A l'égard de ces derniers, l'administration de l'Enregistrement continue à en faire l'avance et le recouvrement ; quant aux frais de poursuites, jusques et y compris le jugement, il faut d'abord exclure les droits de timbre et d'enregistrement des procès-verbaux et des actes de la procédure et des jugements. Les frais faits par les huissiers et le coût des expéditions ou extraits de jugements sont payés directement par le budget des travaux publics, au moyen de mandats personnels, délivrés par l'ingénieur en chef sur la présentation des mémoires dûment taxés, c'est-à-dire après réquisitoire du procureur impérial et exécutoire du président. Les taxes à témoins continuent à être payées immédiatement à titre d'avance par le receveur de l'enregistrement. (Même instruction.)

5° On doit encore considérer comme parties civiles *l'administration de l'Enregistrement et des domaines;*

6° *L'administration des postes* particulièrement en ce qui concerne les poursuites dirigées contre ceux qui s'immiscent indûment dans le transport des dépêches.

En matière de transport illicite des lettres, les frais de justice doivent être payés par les directeurs des postes. (Décision 17 mai 1828 ; circ. 24 octobre 1843.) Les huissiers doivent se conformer à cette décision, et les articles de leurs mémoires, qui seraient relatifs à des affaires de cette nature, doivent être rejetés. (Circulaire 12 septembre 1854.)

Les directeurs des postes sont exclusivement chargés de *l'avance* des frais de poursuites intentées à l'occasion de transports frauduleux de dépêches. Il est indispensable que les magistrats requièrent directement le payement des taxes ou mémoires des parties prenantes sur la caisse de ces comptables et non sur celle du receveur de l'enregistrement. Les greffiers doivent aussi adresser les extraits des jugements rendus en cette matière, avec le détail des frais, non pas aux receveurs de l'enregistrement, mais aux directeurs des postes, afin de s'assurer de leur intervention dans l'avance et le recouvrement des dépenses faites pour le compte de leur administration. (Circ. 19 mars 1856.)

7° *Les communes;* elles sont parties civiles, toutes les fois qu'il s'agit de délits commis dans leurs communs, bois ou autres propriétés, de dégradations, anticipations ou usurpations sur les chemins vicinaux, que la loi du 24 juillet 1824 met à leur charge, et des contraventions aux lois, ordonnances et réglements concernant les octrois municipaux. D'après les dispositions de l'article 158 du décret, il y a une différence essentielle en droit, entre les communes et les administrations ordinaires de l'État. Les communes, d'après cet article, ne sont réputées parties civiles que dans les procès instruits à leur requête ou même d'office, pour crimes ou délits commis contre leurs propriétés. Il ne suffit pas pour les communes d'un intérêt moral pour qu'elles soient réputées parties civiles, il faut que le fait porte atteinte à leurs propriétés, par exemple, les fraudes en matière d'octroi. Il faut, en un mot, que le fait soit de nature à entraver la perception de quelques-uns de leurs revenus et à affecter le recouvrement de leurs ressources municipales. (Dalloz, frais et dépens, n° 1005. Voir aussi n°ˢ 1006 et 1007.)

8° *Les hospices* : ces établissements sont dans la même position que les communes, par rapport à leurs bois et propriétés.

L'instruction du 30 septembre 1826 mettait encore au nombre des parties civiles l'Université et la Caisse des Invalides de la marine. Mais la loi du 24 mai 1834 ayant décidé que toutes les rétributions universitaires seraient perçues pour le compte de l'État, les frais de poursuites, auxquelles cette perception peut donner lieu, doivent être avancés, comme frais généraux de justice criminelle, pour le compte du ministère de la justice, et conséquemment l'Université a perdu son caractère de partie civile. Nous disons qu'il en est de même de la Caisse des Invalides de la marine, parce que le ministre de la justice ayant reconnu que le montant des condamnations pécuniaires, provenant des contraventions poursuivies par elle dans un but d'intérêt général, tombent dans les caisses de l'État, il a décidé que les frais de poursuites devaient être à la charge du Trésor, et, en conséquence, avancés par l'administration de l'Enregistrement. (De Dalmas, p. 366.)

Mode de recouvrement des frais :

Le décret du 18 juin 1811 avait laissé quelques doutes sur la manière dont les administrations et les établissements publics devaient acquitter les frais de justice dont ils sont tenus comme parties civiles. Mais ces doutes ont été levés par une décision ministérielle du 6 octobre 1812, portant que ces frais continueront d'être payés pour le compte de ces administrations, par les préposés de la régie, de l'enregistrement et des domaines, qui, pour s'en faire rembourser le montant, tiendront un compte ouvert avec chacune d'elles.

L'administration des contributions indirectes, celle des postes et celle des ponts-et-chaussées, pour les délits de pêche, sont exceptées de cette règle générale (voir ce qui a été dit supra), l'administration des ponts-et-chaussées, partiellement toute fois, car elle n'est point obligée de payer les frais de poursuites pendant la durée de l'instruction et d'en consigner le montant. Pour toutes les autres administrations, communes et établissements publics, l'administration de l'enregistrement fait l'avance, de sorte que les parties prenantes sont payées dans ces sortes d'affaires, de la même manière et sans plus de difficultés que pour les autres poursuites d'office. Ainsi ce n'est pas pour le compte du ministre de la justice que la direction de l'enregistrement fait ces avances ; elle les fait pour les administrations intéressées : elle tient avec elle un compte ouvert, pour s'en faire rembourser lorsque le procès est terminé, et elle ne peut rien réclamer sur les fonds généraux des frais de justice. Il est donc très-important que ces sortes de dépenses ne soient jamais confondues avec celles qui sont à la charge du ministère de la justice, et cette confusion ne peut être évitée qu'en observant exactement les règles tracées pour les parties civiles proprement dites. Ainsi, tous les réquisitoires, tous les mandements, toutes les ordonnances délivrées pour quelque acte d'instruction doivent énoncer clairement que les poursuites se font dans l'intérêt de telle commune, de telle administration, de tel établissement public, afin que les parties prenantes sachent qu'elles doivent dresser, pour leurs droits ou salaires, des mémoires particuliers au nom des parties intéressées. Les exécutoires et les taxes doivent contenir la même mention, pour ne pas exposer la direction générale de l'enregistrement à les imputer sur les crédits du ministère de la justice. Enfin les magistrats doivent mettre tous leurs soins à distinguer eux-mêmes, d'après les règles qui viennent d'être tracées, et à faire distinguer par tous ceux qui y auront intérêt, les frais qui sont à la charge du ministère de la justice, de ceux qui sont imputables sur d'autres caisses.

ARTICLE 159.

Toutes les fois qu'il y aura partie civile en cause, et qu'elle n'aura pas justifié de son indigence dans la forme prescrite par l'article 420 du Code d'instruction criminelle, les exécutoires pour les frais d'instruction, expédition et signification des jugements pourront être décernés directement contre elle.

Art. 420. (C. I. Crim.) — Sont dispensés de l'amende :
1° les condamnés en matière criminelle ; 2° les agents pu-

blics pour affaires qui concernent directement l'administration et les domaines ou revenus de l'Etat. A l'égard de
toutes autres personnes, l'amende sera encourue par celles
qui succomberont dans leur recours. Seront néanmoins
dispensées de la consigner, celles qui joindront à leur demande en cassation : 1° un extrait du rôle des contributions
constatant qu'elles paient moins de 6 francs, ou un certificat du percepteur de leur commune portant qu'elles ne sont
pas imposées ; 2° un certificat d'indigence à elles délivré
par le maire de la commune de leur domicile ou par son
adjoint, visé par le sous-préfet et approuvé par le préfet de
leur département.

ARTICLE 160.

En matière de police simple ou correctionnelle,
la partie civile qui n'aura pas justifié de son indigence sera tenue, avant toutes poursuites, de déposer au greffe, ou entre les mains du receveur
de l'enregistrement, la somme présumée nécessaire pour les frais de la procédure. Il ne sera
exigé aucune rétribution pour la garde de ce dépôt, à peine de concussion.

Lorsque la partie civile refuse ou néglige de faire l'a-
vance des frais, et qu'elle ne justifie pas de son indigence,
il n'y a pas lieu en général de commencer les poursuites, à
moins que le délit ne soit très-grave et intéresse essentiellement l'ordre public.

Les sommes qui sont exigées des parties civiles à titre
d'avance sur les frais, doivent être versées exclusivement
entre les mains des greffiers. Le ministère public qui en
surveillera l'emploi, les fera servir à l'acquittement des frais

dont les parties civiles sont personnellement tenues, et il sera toujours informé du moment où les premières avances devenues insuffisantes, il serait nécessaire d'en exiger de nouvelles.

Les greffiers doivent tenir, pour chaque affaire, un compte particulier sur lequel ils portent exactement les sommes reçues et payées ; ils gardent les pièces sur lesquelles les paiements ont été faits, jusqu'à ce qu'ils aient obtenu de la partie une décharge définitive.

Quand il y a consignation, toutes les taxes, tous les exécutoires, pour le paiement des frais, doivent être décernés directement contre la partie civile, conformément à l'article 159 du réglement, et payés en son nom par le greffier sur les sommes déposées. Ainsi les témoins, les experts et autres parties prenantes qui ont à réclamer, des frais urgents ou réputés tels, doivent être payés par le greffier pour le compte de la partie civile, et les taxes doivent en faire mention expresse. A l'égard des greffiers, des huissiers et de tous ceux qui sont payés ordinairement sur des états ou mémoires, les expéditions, les extraits, les opérations et les actes de toute espèce qu'ils feront dans ces sortes d'affaires, doivent être portés dans des mémoires particuliers payables comme il vient d'être dit, et non dans des mémoires ordinaires dont ils se font payer le montant sur les fonds généraux du ministère de la justice. Pour prévenir toute méprise sur ce point, il est nécessaire que les réquisitions du ministère public, les mandements et les ordonnances du juge d'instruction, qui prescriront quelques actes d'instruction dans ces procès, fassent expressément mention qu'il y a partie civile.

En matière criminelle, le réglement n'exige pas l'avance des frais ; les poursuites qui peuvent donner lieu à des peines afflictives ou infamantes sont trop graves pour qu'elles puissent être arrêtées ou suspendues par le fait des parties civiles ; l'article 159 permet seulement, dans tous les cas où la partie civile qui ne justifie pas de son indigence n'a pas consigné, de décerner directement contre elle les exécutoires pour *frais d'instruction , expédition et signification des jugements*. Le réglement ne prescrit rien aux magistrats sur ce point. Mais comme l'exercice de la faculté qu'il leur laisse est un moyen de diminuer le montant des frais dont le Trésor doit faire l'avance, ils doivent en user le plus souvent possible, c'est-à-dire toutes les fois qu'ils n'y verront pas de grands inconvénients. Observons toutefois que pour que la partie civile soit obligée de déposer au greffe la somme présumée nécessaire aux frais de la poursuite, il faut qu'elle agisse comme partie jointe. Il faut supposer que la partie civile a déposé une plainte au parquet, et que, sur cette plainte, le ministère public doit exercer des poursuites et se livrer lui-même aux actes de procédure. (Cass. 28 février 1834, 3 mai 1838.) Il n'en serait plus ainsi si la partie agissait elle-même et saisissait directement le tribunal, comme l'article 182 du Code d'instruction criminelle lui en donne le droit. (Mêmes arrêts.) La consignation préalable ne peut avoir lieu que quand l'instruction n'est point encore commencée ; il s'ensuit que, lorsque par suite d'une plainte, une instruction correctionnelle a eu lieu à la requête du ministère public, le plaignant peut, à l'audience à laquelle la cause doit être jugée, se porter partie civile, sans consigner préalablement une somme suffisante pour les frais. (Cass. 12 août 1831.) Mais dans le cas où cette consignation doit avoir lieu, la partie civile ne saurait en être dispensée sous prétexte que l'avoué ou l'huissier aurait garanti le payement des frais. (Déc. min. 20 février 1831.)

ARTICLE 161.

Dans les exécutoires décernés sur les caisses de l'administration de l'Enregistrement pour des frais qui ne sont point à la charge de l'Etat, il sera fait mention qu'il n'y a point de partie civile en cause, ou que la partie a justifié de son indigence.

ARTICLE 162.

Sont déclarés dans tous les cas à la charge de l'Etat, et sans recours envers les condamnés : 1º les frais de voyage des conseillers de nos cours impériales et des conseillers qui seront délégués aux cours d'assises ou spéciales; 2º l'indemnité des jurés pour leur déplacement; 3º toutes les dépenses pour l'exécution des arrêts criminels.

ARTICLE 163.

Il sera dressé, pour chaque affaire criminelle, correctionnelle ou de simple police, un état de liquidation des frais autres que ceux qui sont mentionnés dans l'article précédent; et lorsque cette liquidation n'aura pu être insérée, soit dans l'ordonnance de mise en liberté, soit dans l'arrêt ou le jugement de condamnation, d'absolution ou d'acquittement, le juge compétent décernera exécutoire contre qui de droit, au bas dudit état de liquidation.

Cet état de liquidation sera dressé conformément au modèle n° 37.

Lorsque les jugements contiennent la liquidation des dépens, les greffiers doivent indiquer séparément, sur les extraits qu'ils délivrent aux préposés de l'enregistrement, le montant principal des droits de timbre et d'enregistrement en débet compris dans les dépens, et comme ce détail fait partie intégrante des extraits délivrés, aucun salaire supplémentaire ne doit leur être alloué à ce sujet. (Circul. 16 sept. 1820.)

Il n'y a lieu de délivrer copie de l'état de liquidation que lorsqu'on a pas déjà délivré extrait de l'ordonnance de l'arrêt ou du jugement.

Pour faciliter cette liquidation, les juges de paix et les autres officiers de police judiciaire, les juges d'instruction et les présidents des tribunaux correctionnels, aussitôt qu'ils ont terminé leurs fonctions relativement à chaque affaire, doivent joindre aux pièces *l'état, signé d'eux, des frais et déboursés* dont la liquidation pourra avoir lieu lorsqu'il y aura condamnation exécutoire.

Au moyen de cette sage précaution, le greffier trouvera toujours dans la procédure les renseignements né cessaires pour dresser l'état de liquidation dont il est chargé.

Cet état doit contenir toutes les dépenses qui ont été faites pour l'instruction des affaires, et qui sont de nature à être recouvrées sur les condamnés. On y omet souvent les indemnités de magistrats lorsqu'ils se sont transportés sur les lieux, celles des experts, des médecins et de quelques autres parties prenantes dont il ne reste pas de traces dans les procédures.

Pour éviter ces omissions, il est indispensable de joindre à chaque procédure des notes exactes de toutes les taxes qui sont accordées lorsque ces taxes ne peuvent pas être mises au bas de la pièce qui y a donné lieu.

Les états de liquidation doivent être rédigés non seulement de manière à fixer exactement le montant des frais mais encore de manière à faciliter la vérification des taxes lorsque les procédures passent sous les yeux des magistrats.

Il est donc nécessaire de les rédiger avec précision et clarté, pour que l'examen en soit plus facile.

Les magistrats du ministère public doivent veiller à l'accomplissement de ces règles et donner aux greffiers les instructions dont ils peuvent avoir besoin pour s'y conformer.

Toutes les fois qu'il s'agit de faire exécuter un arrêt ou un jugement, au moyen de la capture d'un condamné, il faut requérir du juge compétent un exécutoire supplémentaire pour obtenir le remboursement du droit de capture. Cet exécutoire sera remis au receveur de l'enregistrement. (Circul. du 27 juin 1835, 29 avril 1853 et 1er avril 1854. — Voir art. 71.)

ARTICLE 164.

Le greffier remettra, dans le plus court délai, au préposé de l'administration de l'Enregistrement chargé du recouvrement, un extrait de l'ordonnance, arrêt ou jugement, pour ce qui concerne la liquidation et la condamnation au remboursement des frais, ou une copie de l'état de liquidation rendue exécutoire ainsi qu'il est dit dans l'article précédent.

Il en transmettra un double à notre grand juge ministre de la justice, pour servir à la vérifica-

tion de l'état de trimestre dont il sera ci-après
parlé.

Les greffiers ne peuvent exiger le salaire qui leur est
attribué pour la délivrance de ces pièces qu'autant que les
jugements et arrêts sont devenus définitifs.

ARTICLE 165.

Les préfets inscriront sur un registre particulier, sommairement et par ordre de dates et de
numéros, les mandats qu'ils délivreront en vertu
de notre présent décret, avec indication du nombre et de la nature des pièces produites au soutien. Ils porteront le numéro de l'inscription, tant
sur leurs mandats que sur les trois expéditions
desdits états ou mémoires, et sur chacune des
pièces produites à l'appui ; ces pièces seront en
outre cotées par première et dernière.

ARTICLE 166 (ABROGÉ).

ARTICLE 167.

Dans la première quinzaine du second mois de
chaque trimestre, les directeurs de l'administration de l'Enregistrement adresseront au directeur général de cette administration un état conforme au modèle arrêté par le ministre de la justice avec les mandats et exécutoires que les
receveurs de leur arrondissement auront acquittés
pendant le trimestre précédent. Ces mandats et

exécutoires seront accompagnés des originaux des pièces justificatives.

Ces états et les pièces à l'appui doivent maintenant être envoyées chaque mois au ministre des finances.

Les états doivent être dressés conformément aux modèles n°s 38 et 39.

ARTICLE 168.

Le directeur général de l'administration de l'Enregistrement fera parvenir au ministre de la justice, dans les trois mois, au plus tard, après l'expiration de chaque trimestre, un état général conforme au modèle arrêté par ce ministre, auquel état seront joints les états particuliers des directeurs ainsi que les mandats et exécutoires accompagnés des originaux des pièces justificatives.

Ces états et ces pièces à l'appui doivent maintenant être envoyés chaque mois au ministère de la justice par celui des finances.

Les états sont dressés conformément au modèle n° 40.

ARTICLE 169.

Le ministre de la justice fera procéder à la vérification de l'état général qui lui aura été adressé.

Il l'arrêtera à la somme totale des payements qui lui paraîtront avoir été régulièrement faits.

Il délivrera du montant une ordonnance au profit de l'administration de l'Enregistrement, le tout sans préjudice des restitutions qu'il pourrait y avoir lieu d'ordonner ultérieurement.

ARTICLE 170.

Cette ordonnance sera remise, avec l'état général ci-dessus mentionné et les pièces à l'appui, par l'administration de l'Enregistrement, au ministre des finances, lequel délivre en échange un récépissé admissible dans les comptes de cette administration.

ARTICLE 171.

Le ministre de la justice pourra, lorsqu'il le croira convenable, envoyer des inspecteurs pour visiter les greffes et y faire toutes les vérifications relatives aux frais de justice.

Jusqu'à présent ce sont des officiers du ministère public qui sont chargés de l'exécution de cette mesure. Si pour remplir cette mission ils se trouvaient dans l'obligation de se transporter à plus de cinq kilomètres de leur résidence, ils seraient fondés à réclamer les indemnités fixées par l'article 88 du présent décret.

ARTICLE 172.

Toutes les fois que le ministre de la justice reconnaîtra que des sommes ont été indûment allouées à titre de frais de justice criminelle, il en fera dresser des rôles de restitution, lesquels seront par lui déclarés exécutoires contre qui de droit, lors même que ces sommes se trouveraient comprises dans des états déjà ordonnancés par lui, pourvu néanmoins qu'il ne se soit pas écoulé plus de deux ans depuis la date de ses ordonnances.

ARTICLE 173 (ABROGÉ).

ARTICLE 174.

Le recouvrement des frais de justice, avancés par l'administration de l'Enregistrement, conformément aux dispositions de notre présent décret, et qui ne sont point à la charge de l'État, ainsi que les restitutions ordonnées par le ministre de la justice, en exécution des deux articles précédents, seront poursuivis par toutes les voies de droit, et même par celle de la contrainte par corps, à la diligence des préposés de ladite administration, en vertu des exécutoires mentionnés aux articles ci-dessus.

Voir la loi du 17 avril 1832, titre V, articles 33 à 41. Code de la contrainte par corps.

ARTICLE 175.

Pour l'exécution de la contrainte par corps, dans les cas ci-dessus prévus, il suffira de donner copie au débiteur, en tête du commandement à lui signifié.

1° Du rôle ou des articles du rôle sur lesquels sera intervenue l'ordonnance de recouvrement ;

2° De l'ordonnance du ministère de la justice,

portant restitution de la somme à recouvrer, en ce qui concernera le débiteur.

La contrainte par corps n'existe plus pour le recouvrement des frais de justice, excepté en matière de délit forestier et de pêche fluviale; sauf cette exception elle n'est maintenue que pour le recouvrement des amendes, leur dixième au profit de l'État, et les dommages-intérêts au profit des parties civiles. (Loi du 22 juillet 1867.)

ARTICLE 176.

Les huissiers préposés pour les actes relatifs au recouvrement, pourront recevoir les sommes dont les parties offriront de se libérer dans leurs mains, à la charge par eux d'en faire mention sur leurs répertoires et de les verser immédiatement dans la caisse du receveur de l'enregistrement, à peine d'être poursuivis et punis, conformément aux articles 169, 171 et 172 du Code pénal, s'ils sont en retard de plus de trois jours.

ARTICLE 177.

L'administration de l'Enregistrement rendra compte des recouvrements effectués de la même manière que de ses autres recettes.

En cas d'insolvabilité des parties, contre lesquelles seront décernés les exécutoires, les receveurs seront déchargés des recouvrements qui concerneront ces parties, en justifiant de leurs diligences, en rapportant des certificats d'indigence légalement délivrés, sans préjudice toutefois des poursuites qui pourront être exercées dans le cas où les dites parties deviendraient solvables.

L'amende, étant une peine, est subordonnée, quant à la prescription, aux règles établies pour les matières criminelles. Les frais, au contraire, se prescrivent d'après les règles établies par le Code civil, c'est-à-dire trente ans, à partir du jour où l'arrêt ou le jugement est devenu définitif. (Art. 2262 C. Nap. et 642 C. I. C.)

ARTICLE 178 (ABROGÉ).

ARTICLE 179.

Le ministre de la justice nous présentera, chaque année, un bordereau général, tant des ordonnances qu'il aura délivrées pour frais de justice, que des sommes qui auront été recouvrées par l'administration de l'Enregistrement sur le montant des ordonnances.

TITRE IV

DES FRAIS DE JUSTICE DEVANT LA HAUTE COUR.

CHÁPITRE PREMIER

ARTICLE 180.

Le procureur général près la haute cour taxera lui-même, selon les règles établies par le présent décret, les frais des procédures instruites près la dite cour.

La haute cour, après avoir été supprimée et remplacée par la chambre des pairs, a été rétablie par l'article 54 de la Constitution du 14 janvier 1852 ; son organisation est réglée par le sénatus-consulte du 10 juillet de la même année, et sa compétence déterminée par un autre sénatus-consulte du 4 juin 1858.

ARTICLE 181.

Il réglera les dépenses du parquet et du greffe

auxquelles donneront lieu les formes particulières de procéder de la haute cour.

ARTICLE 182.

Il proposera, et le ministre de la justice déterminera les frais de voyage et de séjour des magistrats du parquet, lorsqu'ils seront forcés de se déplacer pour le service de la haute cour.

ARTICLE 183.

Les dispositions du décret du 17 mars 1809 seront applicables aux huissiers qui seront nommés pour le service de la haute cour et de son parquet.

ARTICLE 184.

Toutes les dépenses ci-dessus seront acquittées sur les mandats du procureur général et approuvées par le ministre de la justice.

ARTICLE 185.

Le recouvrement des dits frais sera fait suivant les règles et dans les formes prescrites par le présent décret.

CHAPITRE II

**Des cours prévôtales et des tribunaux ordinaires
des douanes.**

ARTICLE 186 (ABROGÉ).

ARTICLE 187 (ABROGÉ).

ARTICLE 188 (ABROGÉ).

Les cours prévotales et les tribunaux ordinaires des
douanes ont été supprimés par une ordonnance en date du
26 avril 1814.

DISPOSITIONS GÉNÉRALES

ARTICLE 189.

Tous réglements, relatifs au tarif et au mode
de payement et recouvrement des frais de justice
en matière criminelle, notamment l'arrêté du
Gouvernement du 24 juin 1798 (6 messidor an **VI**)
et notre décret du 34 février 1806, sont abrogés.

ARTICLE 190.

Notre ministre de la justice, nos ministres de
l'intérieur, des finances, etc., sont chargés, chacun en ce qui le concerne, de l'exécution du présent décret.

MODÈLE DE TAXE

POUR UN TÉMOIN QUI A PERDU SA COPIE DE CITATION.

———

Nous
président du tribunal civil de

Vu l'exploit de   , huissier à   , en
date du   , enregistré à   , le
               f°   , case   , duquel il résulte que (nom),
(profession), à   , commune de   , canton
de   , arrondissement de   , a été assigné à
la requête de M. le procureur impérial, à l'effet de comparaître devant le tribunal de police correctionnelle de
pour déposer dans l'affaire du nommé   , prévenu
de

Attendu que N   a comparu et fait sa déposition
ce jour.

Attendu qu'il a perdu sa copie, avons par le présent
mandat taxé sur sa réquisition audit N   , la somme
de   pour   myriamètres parcourus.

En vertu de l'article 2 du décret du 7 avril 1813.

Attendu qu'il n'y a pas de partie civile en cause, ordonnons que la dite somme sera payée sur les fonds généraux
des frais de justice criminelle par le receveur de l'enregistrement au bureau de

Le témoin a déclaré   savoir signer.

A   le

Le président,

RECOUVREMENT DES FRAIS DE CAPTURE.

Réquisitoire à mettre au bas de l'état qui doit être présenté par l'administration de l'Enregistrement, partie prenante.

Nous, procureur   près le tribunal de

Vu les articles 77, 162 du décret du 18 juin 1811, 6 du décret du 7 avril 1813 et 1ᵉʳ de l'ordonnance du 6 août 1823.

Vu également l'exécutoire délivré par M. le président du tribunal de   , à la date du   18   , comprenant la somme de   , accordée aux gendarmes pour l'arrestation du nommé (*nom, prénoms, profession, domicile*), en exécution d'un jugement du tribunal de   , en date du   , qui le condamne pour   , à   d'emprisonnement.

Attendu qu'il importe de recouvrer sur le condamné les frais de sa capture ;

Vu également l'instruction générale de 1826, numéro 61 ;

Requérons qu'il soit délivré exécutoire par M. le président du tribunal civil de   contre le condamné susnommé pour la somme ci-dessus qui sera recouvrée à la diligence de l'administration de l'Enregistrement et des Domaines.

Au parquet, à   le

Le procureur

EXÉCUTOIRE.

Nous, président du tribunal civil de

Vu le réquisitoire ci-dessus et l'état à l'appui, avons arrêté et rendu exécutoire le dit état contre le nommé
pour la somme de   , montant des frais de capture sus-énoncés et taxés par nous.

Ordonnons qu'en exécution de l'article 174 du réglement du 18 juin 1811, le recouvrement de cette somme sera poursuivi par toutes les voies de droit, à la diligence de l'administration de l'Enregistrement et des Domaines, n'y ayant point eu de partie civile en cause.

A   le

Le président,

TABLE DES MATIÈRES

AVEC

INDICATION DES ARTICLES DU DÉCRET ET DES PARAGRAPHES CORRESPONDANTS
DE L'INSTRUCTION DU 30 SEPTEMBRE 1826

A

Pages.

ACCUSÉS.
Expéditions ou copies de pièces qu'ils peuvent réclamer.
(Art. 56; Instruction du 30 sept. 1826, § xlviii.)   97, 98, 99, 100
Voir : Aliments, Capture, Prévenus, Transfert.

ACTES DE L'ÉTAT CIVIL.
Rectification d'office. (Art. 122; Inst. § cxiv.)   193

ADMINISTRATIONS.
Voir : Parties civiles.

AFFICHES. — (Art. 3, § 3, 107; Instr. §§ iii et xcviii.). .   13, 169
Voir : Placards.

AGENTS DE LA FORCE PUBLIQUE.
Taxe. (Art. 72; Inst. § lxvi.) 128, 129

AIDES.
Voir : Experts.

ALIMENTS
Aux détenus pendant le transfert. (Art. 10.)   37
Pièces à produire, réquisitoire. (Instr. § ix.) . . .   27 et suiv., 38

AMENDES.
Prescription. (Sous l'art. 177.)   241
Recouvrement. (Art. 126)   197

Pages.

ARRÊTS.

Assistance des greffiers. (Art. 45, 52 ; Inst. § XL.)...... 86, 91

Droit d'assistance. (Art. 53 ; Inst. § XLVII.)........... 91, 92

Exécution des arrêts. (Art. 113 et suiv. Instr. §§ c et CI... 172

Réquisition aux ouvriers. (Art. 114 ; Inst. §§ CII, CIII...... 180

ASSISTANCE JUDICIAIRE.

Paiement des frais. (Sous l'art. 118.).................. 189

AUTOPSIE. (Sous l'art. 17.)............................. 52

AVANCES.

Voir : Frais de justice, Gendarmes, Témoins.

AVOCATS, AVOUÉS.

Voir : Honoraires, Taxe.

B

BORDEREAU.

Voir : Frais de justice.

C

CAPTURE.

Failli.. 10

Frais. (Art. 77 ; Inst. § LXXI.)............... 133, 134 et 233

Modèle d'Etat. (Art. 163 ; Inst. §§ CXXXIII, CXXXIV et

CXXXV.)................................... 234, 235 et 246

CAUTIONNEMENTS.

Recouvrement. (Art. 127, 128.)............... 198 et suiv.

CITATIONS.

Voir : Huissiers, Jurés.

CHIRURGIENS.

Voir : Experts, médecins.

COMMUNES.

Voir : Affiches.

CONCIERGE DES PRISONS.

Acte d'écrou. (Art. 46 ; Inst. § XLI.)................. 86, 87

Mémoire, Modèle..................................... 87

Voir : Greffiers.

COAUTEURS, COMPLICES.

Voir : Frais de justice criminelle.

Pages.

CONDAMNÉS.
   Voir : Capture, Transport.

CONTRAINTE PAR CORPS.
   Pièces à produire pour l'exécution. (Art. 175.)   239

CONTRIBUTIONS INDIRECTES, (administration des).
   Paie les frais faits dans son intérêt. (Art. 1, et sous l'art.
      158.) . . . .   2,220 et 221

CONTUMAX.
   Voir : Huissiers.

COPIES DE PIÈCES.
   Voir : Accusés, Copies nouvelles, Expéditions, Greffiers.

D

DÉBATS.
   Voir : Experts, Interprètes, Médecins.

DÉTENUS.
   Voir : Accusés, prévenus.

DIRECTEURS DE L'ENREGISTREMENT.
   Voir : Etats ou Mémoires.

DISTANCES.
   Voir : Tableau des distances.

E

ECHELLES DU LEVANT ET DE LA BARBARIE. (Sous le § 12
      de l'art. 3.)
   Frais de justice.   17

ENFANTS.
   Voir : Témoins.

ETATS
   A envoyer au Ministère. (Art. 167 ; Inst. § CXXXVIII.).   236
   Registres des pièces produites. (Art. 165.).   236

ETATS DE LIQUIDATION.
   Voir : Frais de justice.

EVASION.
   Reconnaissance d'identité. (Sous le § 8 de l'art. 3.).   15

Pages.

EXACTIONS.
    Voir : Greffiers, Huissiers.

EXÉCUTEURS. (Art. 115, 116, 151 ; Inst. §§ CIV, CV, CVI, CVII,
    CVIII, CIX et CX.)........................ 182, 185 et 210

EXÉCUTOIRES.
    Voir : Parties civiles.

EXHUMATIONS.
    Frais. (Art. 20 ; Instr. § XXI.)........................ 54

EXPÉDITIONS A DÉLIVRER GRATUITEMENT.
    Voir Accusés, Greffiers.

EXPERTS.
    Aides, Hommes de peine, Ouvriers. (Sous l'art. 22.)..... 56
    Assistance aux débats, Indemnités. (Art. 25.)....... 60 et 57
    Fournitures.. 49 et 55
    Interprètes. (Art. 22 ; Instr. § XXI.)................ 55 et 58
    Séjour et voyage, Indemnité. (Art. 24, 90, 91, 92, 95 et 96 ;
        Instr. §§ LXXXIV, LXXXV, LXXXVIII et LXXXIX.)   57, 60, 155 et 156
    Traductions écrites. (Art. 23 ; Instr. § XXII.)............ 59
    Vacations, Pièces à produire. (Art. 22.).   48, 55, 56, 57, 58, 59

EXTRADITION.
    Frais. (Art. 150 ; Instr. § CXXVII.)..................... 210

F

FAUX.
    Dépositaires publics de pièces fausses, Droits et Vacations.
        (Art. 13 ; Instr. § XII, XIII et XIV.)................... 45
    Pièces à produire. (Sous l'art. 15.).................... 47
    Séjour et Voyage, Indemnité. (Art. 15, 91, 92, 95 et 96 ;
        Instr. §§ XV, XVI, LXXXIV, LXXXV, LXXXVIII et LXXXIX.).   46 et 47

FORÊTS.
    Extraits de jugements. (Sous l'art. 158.)............... 223
    Frais de justice. (Sous l'art. 158.).................... 223

FORMULE EXÉCUTOIRE.
    Actes qui peuvent être expédiés avec cette formule.
        (Art. 61.).. 105
    Voir : Greffiers.

FOURNITURES.
    Voir : Experts, Médecins, Prévenus. (Ordre de fourniture.).

Pages.

FOURRIÈRE.

Destination du produit. (Art. 40.)...................... 77

Durée. (Art. 39 ; Instr. § xxxiv.)...................... 75

Main-levée. (Art. 40.)............................. 76

Vente. (Art. 40.)................................. 76

FRAIS EXTRAORDINAIRES. (Art. 136 et 2 ; § 12 ; Instr. § cxviii.) .... 8, 56, 205 et suiv.

FRAIS DE JUSTICE CRIMINELLE.

Avance d'iceux. (Art. 1er ; Inst. § i.).................... 1

Avance aux gendarmes témoins. (Art. 12 ; Inst. § x et xi.). 39

Avance à la charge de l'État. (Art. 2, §§ 9 et 13 et 162 ; Inst. § 11.) 6

Avance à recouvrer sur le condamné. (Art. 178 ; Inst. § cxli.).. 241

Bordereau. (Art. 179.).............................. 241

Co-auteurs, Complices. (Art. 156.)..................... 215

Frais urgents et réputés tels. (Art. 133, 134 ; Inst. § cxvi.) 203

Frais non urgents. (Art. 138 ; Inst. § cxx.).............. 204

Frais résultant du droit de correction 9

Greffes (transport des). (Art. 129 et suiv.; Inst. § cxv.).... 200

Impressions. (Art. 104, 110, 111, 112 ; Inst. §§ xciii, xciv, xcv, xcix.)......................... 165, 166, 170 et 171

Liquidation, Etat, Expédition de l'ordonnance, Arrêt, Jugement ou copie du dit. (Art. 163, 164 : Inst. §§ cxxxiii, cxxxiv, cxxxv, cxxxvi.)...................... 233 et suiv.

Marché avec les imprimeurs. (Art. 108, 109.)........... 169

Mémoires. (Sous l'art. 136.).................... 205 et suiv.

Paiement (mode de). (Art. 132.)...................... 202

Placards. (Art. 105, 106 ; Inst. §§ xcvi et xcvii.) 13, 167, 168 et 169

Prescription................................... 194

Recouvrement. (Art. 174.)........................... 239

Réhabilitation (frais de) 9

Remboursement. (Art. 169, 170.)............... 237 et 238

Restitution (Rôle de). (Art. 172.)..................... 238

Vérification. (Art. 153 ; Inst. § cxxix.)................. 211

FRAIS DE SÉJOUR ET DE VOYAGE.

Voir : Chirurgiens, Echelles du levant, Evasion, Expert, Faux, Gardes champêtres, Gardes forestiers, Huissiers,

Pages.

Interprètes, Jurés, Magistrats, Médecins, Militaires, Sages-femmes, Témoins.

FRAIS URGENTS, RÉPUTÉS TELS ET NON URGENTS.
Voir : Frais de justice criminelle.

G

GARDES CHAMPÊTRES.
Indemnités de séjour et voyage. (Art. 90, 91, 92, 95 et 96;
Inst. §§ LXXXIV, LXXXV, LXXXVIII et LXXXIX.)...   153, 154 et 163
Voir : Capture.

GENDARMES.
Allocation au cas de transfert de prévenus par les voies
de fer. (Art. 12; Instr. § X.) ....   42 *in fine.*
Avances, *voir* Frais de justice criminelle.
Jusqu'où ils peuvent accompagner les prévenus. (Art. 11.)   38
Témoins. (Sous les art. 91 et 97.) ....   154 et 163
Voir : Capture.

GREFFES.
Inspection. (Art. 171.)................................   238
Transport des greffes, *voir* : Frais de justice criminelle.

GREFFIERS.
Actes revêtus de la formule exécutoire, *voir* Formule exé-
cutoire.
Copies ou expéditions à soumettre au visa du ministère
public. (Art. 57; Instr. § XLIX.).................   101, 102
Copies à délivrer aux accusés, *voir* : Accusés, — ne pou-
vant l'être. (Art. 55.).......................   93 et suiv.
Copie du registre tenu en vertu de l'article 600. Droits.
(Art. 49; Instr. § XLIII.).......................   83
Droits d'expédition. Fixation. (Art. 48; Instr. § XLII.)   87
Ecritures sous la dictée, sans frais. (Art. 63; Instr.
§ LIV.)...................................   107
Etats de liquidation des frais et dépens. Droits. (Art. 51;
Instr. § XLVI.)...............................   90
Etat des récidives. (Sous l'art. 49.)...................   89
Exactions. (Art. 64; Instr. § LV.).....................   107
Exécution des arrêts, Assistance, Indemnité, *voir* : Arrêts.

Pages.

Expéditions à délivrer gratuitement. (Art. 54; Instr. § XLVIII.)................................... 93 et suiv.

Expédition d'acte d'écrou. (Art. 46; Instr. § XLI.)........ 87

Expéditions dues. (Art. 42, 43; Instr. §§ XXXV, XXXVI et XXXVII.)................................... 79 et suiv.

Expéditions à remettre à l'enregistrement, *voir* : Ministère public.

Extraits de jugements, Droits fixes. (Art. 44, 50; Instr. §§ XXXVIII, XXXIX, XLIV et XLV.)................... 83 et suiv.

Inventaire à joindre aux pièces sans frais. (Art. 60, § LII.) 105

Liquidation, *voir* : Frais de justice criminelle.

Mémoire. (Sous l'article 41.)................... 77, 78, 102

Pièces à transmettre en minutes. (Art. 59; Instr. § LI.)... 103

Plaidoyers ne peuvent être insérés dans les jugements. (Art. 58; Instr. § L.)................... 102

Voir : Taxe.

GREFFIERS DES JUGES DE POLICE.
Transport. (Art. 89.)................... 150

GREFFIERS DES MAIRES, JUGES DE POLICE.
Droits dus. (Art. 47.)................... 87

H

HAUTE COUR. (Art. 180 et suiv.)................... 242

HOMMES DE PEINE.
Voir : Experts.

HONORAIRES DES AVOCATS, AVOUÉS. (Art. 3.)........... 11
Voir : Médecins.

HUISSIERS.
Actes à signifier sur la minute. (Art. 70.)........ 111 et suiv.

Actes à signifier dans une même course. (Art. 35 du décret du 14 juin 1813.)................... 129

Capture (droit de). (Art. 71, § 5, 77; Instr. §§ LX, LXI et LXXI................... 119, 120, 121 et 133

Citation, original, coût. (Art 71, § 1; Instr. §§ LVII et LVIII................... 114, 115 et 116

Citation, copies, etc. (Art. 71, § 2; Instr. § LIX.... 116 et 117

Pages.

Coût du mandat de comparution. (Art. 71.)............... 113
Coût du mandat d'amener. (Art. 71. § 3.)................ 117
Coût du mandat de dépôt. (Art. 71, § 4.)............. 117 et 118
Écrou (radiation d'). (Art. 71, § 11 ; Instr. LXV.).... 127 et 128
Exactions. (Art. 64, 86 ; Instr. § LV.).............. 107 et 143
Exécution de mandats contre individus arrêtés. (Art. 74 ;
    Instr. § LXVIII.) 130
Extraction et réintégration d'un prisonnier. (Art. 71, § 6 ;
    Instr. § LXII.)................................. 122 et 123
Lecture d'un arrêt de mort. (Art. 71, § 9.).............. 125
Mandements exprès, modèle. (Art. 84 ; Inst. § LXXV.)   139 et suiv.
Notification à inconnu. (Art. 71.)..................... 117
Organisation. (Décret du 14 juin 1813.)
Perquisition. (Art. 71, § 7, 75 et 76 ; Instr. §§ LXIX, LXX.) 123 et 131
Publication d'affiches et ordonnance de contumax. (Art. 71,
    § 8, 79, 80.) .... 124, 125, 134 et 135
Recors (salaire des). Art. 78.)...................... 134
Recouvrements. (Art. 176, 177.)....................... 240
Refus d'instrumenter. (Art. 85.)...................... 142
Registre des diligences. (Art. 83 ; Instr. § LXXIV.)........ 136
Résidence. (Art. 66.)................................ 109
Rôle d'écriture, coût, premier retranché. (Art. 71, § 10 ;
    Instr. § LXIV.) 126, 127
Séjour et voyage, indemnités. (Art. 81, 90, 92 ; Instr.
    §§ LXXIV, LXXXV.)....... 153, 154, 155, 156, 157, 158 et 159
Service. (Art. 65, 68, 69 ; Instr. § LVI.).. .... 108 et suiv.

I

IMPRESSIONS.
  Voir : Frais de justice criminelle.

IMPRIMEUR.

  Mémoire (modèle n° 28.) Art. 111 ; Instr. § XCIX.)......... 170

INDEMNITÉ DE SÉJOUR ET DE VOYAGE.
  Voir : Frais de séjour et de voyage.

INDIGENCE.
  Voir : Parties civiles.

INSCRIPTIONS D'OFFICE. (Art. 124, 125.).......... 195 et 196

Pages.

INSPECTION.
Voir : Greffes.

INTERDICTION D'OFFICE. (Art. 117.)..................... 187
Frais. (Art. 118, 119, 120 ; Instr. §§ CXI et CXII.)... 188 et suiv.

INTERPRÈTES.
Voir : Experts.

INVENTAIRE.
Voir : Greffiers.

J

JUGES D'INSTRUCTION AGISSANT PAR DÉLÉGATION MILI-
TAIRE. (Sous l'art. 1er et l'art. 3, § 11.)........ 2 in fine et 16
Voir : Militaires.

JURÉS.
Citations. (Art. 108 du décret du 1er mars 1854, sous l'art.
72.).. 129
Séjour et voyage. (Art. 35 ; Instr. § XXXI.).............. 72

L

LIQUIDATION (état de).
Voir : Frais de justice criminelle.

M

MAGISTRATS.
Voir : Transports.

MANDATS.
Cumul. (Art. 73 ; Instr. § LXVII.)..................... 129
Voir : Huissiers.

MARCHÉS POUR TRANSPORT DE PRÉVENUS. MODÈLE. (Sous
l'art. 6.)..................................... 31 et suiv.
Paiement des frais de transfert en l'absence de marché.
(Art. 134, § 2.).............................. 33 et suiv.

MÉDECINS.
Assistant aux débats. (Art. 25 ; Instr. § XXIII.)....... 57 et 60
Honoraires. (Art. 16, 17, 18 ; Instr. §§ XVII et XVIII.) 48, 49 et suiv.
Mémoires .... 48 et 60

Pages.

Opérations chimiques et autres, autopsie, docimasie, fournitures. (Sous l'art. 17 et art. 19, 21; Instruction § XIX.)............................ .... 52, 54, et 55
Séjour et voyage, indemnité. (Art. 24, 90, 91, 92, 95, 96; Instr. §§ LXXXIV, LXXXV, LXXXVIII et LXXXIX.)...... 154 et 155

MÉMOIRES.
Voir : Directeurs de l'Enregistrement, Etats de liquidation, Frais de justice criminelle, Greffiers, Huissiers, Imprimeurs, Pièces à conviction, Registres, Translation de prévenus, condamnés.

MILITAIRES.
Commissions rogatoires les concernant, à qui adressées. (Sous le § 11 de l'art. 3.)........................... 16

MINISTÈRE PUBLIC.
Usage des expéditions délivrées par le greffier. (Art. 62 ; Instr. § LIII.)................................. 106
Voir : Actes de l'Etat civil, Arrêts, Greffiers, Huissiers, Inscription d'office, Interdiction d'office, Poursuites d'office, Registre des actes d'huissier, Transport.

N

NOTIFICATIONS.
Voir : Huissiers, Jurés.

O

OFFICIERS DE L'ÉTAT CIVIL.
Droits à percevoir. (Art. 123.)...................... 194

OPÉRATIONS CHIMIQUES ET MÉDICALES.
Voir : Médecins.

ORGANISATION.
Voir : Huissiers.

OUVRIERS.
Voir : Experts.

P

PAIEMENT DES FRAIS.
Voir : Frais de justice criminelle.

Pages.

PAIEMENT DES ÉTATS.
    Voir : Taxe.

PARTIES CIVILES.
    Mention dans les exécutoires. (Art. 161)............... 233
    Mode de recouvrement des frais .... 229 et 231
    Parties civiles ne justifiant pas de leur indigence. (Art. 159, 160; Instr. § cxxxii.)............... 229, 230 et suiv·
    Personnes qui leur sont assimilées. (Art. 158; Instr. § cxxxi.)..................... 217
    Tenues personnellement des frais. (Art. 157; Instr. § cxxx.) 216

PÈCHE.
    Remboursement des frais de poursuites. (Sous l'art. 158.) 225

PERQUISITION.
    Voir : Huissier.

PIÈCES A CONVICTION.
    Voir : Transport.

PLACARDS.
    Voir : Frais de justice criminelle.

PORTS DE LETTRES ET PAQUETS. (Art. 98 à 104 ; Instr. §§ xci et xcii.)........................... 163, 164, 165

POURSUITES D'OFFICE. (Art. 121 ; Instr. § cxiii.).......... 192

PRÉFETS.
    Voir : Etats.

PRESCRIPTION.
    Voir : Amende, Frais de justice.

PRÉVENUS.
    Réquisition pour fournitures. (Sous l'art. 12.) 43
    Transport à leurs frais. (Art. 7.) 35
    Transport dans l'intérieur de Paris. (Art. 8.) 35
    Transport par chemin de fer..................... 20 et 25
    Transport par entrepreneurs. (Art. 6; Instr. § vii.) 22
    Transport par gendarmerie. (Art. 4 ; Inst. § vi.)........ 20
    Transport par voie extraordinaire. (Art. 5.) .... 16 et 17
    Mémoire, pièces à produire..................... 21, 33 et 34
    Réquisitions, Modèles .... 27 et suiv.
    Voir : Accusés, Aliments, Capture, Détenus, Marché, Pièces à conviction, Transport.

Pages.

PRISONNIERS.
Extraction, *voir* : Huissiers.

R

RÉCIDIVES.
Etat, *voir* : Greffiers.

RECOUVREMENT DES FRAIS.
Voir : Frais de justice criminelle.

RECTIFICATION D'OFFICE.
Voir : Actes de l'état civil.

REFUS D'INSTRUMENTER.
Voir : Huissiers.

REGISTRES.
Voir : Directeurs de l'enregistrement, Etats de liquidation, Greffiers, Huissiers, Mémoires.

REMBOURSEMENT DES FRAIS.
Voir : Frais de justice criminelle.

RESTITUTION (ROLE DE).
Voir : Frais de justice criminelle.

S

SAGES-FEMMES.
Voir : Médecins.

SCELLÉS.
Femmes ne peuvent être gardiennes. (Art. 38.)........ 74
Frais de garde. (Art. 37 ; Instr. § XXXIII.) 73
Mémoire 74

SÉQUESTRE.
Voir : Fourrière.

SIGNIFICATIONS.
Voir : Huissiers.

T

TABLEAU DES DISTANCES. (Art. 93 ; Instr. § LXXXVI.) 159
TAXE.
Délai de présentation des états. (Art. 5, Ordon. 28 nov. 1838, sous l'art. 155.)............................... 215

Pages.

Dépenses étrangères. (Art. 148 ; Inst. § cxxv.) 209
Doit être requise. (Art. 26 ; Instr. § xxiv.)....... 61 et suiv.
Etat collectif. (Art. 147.)............................. 209
Exceptions au principe que les huissiers et greffiers ne
    peuvent réclamer directement aux parties les droits qui
    leur sont attribués. (Art. 155.)...................... 213
Expéditions des états, nombre. (Art. 2, ordonnance du
    28 novembre 1838 ; sous l'art. 155.)................. 213
Facture des états. (Circul. 8 décembre 1838).... 205 et suiv.
Formalités. (Art. 140, 142, 144 ; art. 2, ordon. du 28 nov.
    1838 ; Instr. § cxxii.)..................... 207, 208 et 213
Lieu de paiement. (Art. 154.) 212
Rédaction par les greffiers. (Sous l'art. 26.)............ 62
Responsabilité. (Art. 141.)............................. 207
Timbre. (Art. 146.)................................... 209
Voir : Agents de la force publique, Frais de justice crimi-
    nelle, Mémoire, Témoins.

TÉMOINS
A la requête des accusés. (Art. 34.)................... 71
A la requête des parties civiles. (Art. 34.)............. 71
Avance d'indemnité. (Art. 33, 135 ; Instr. § xxx et cxvii.). 71
Avertissement.. 71 et 116
Indemnité aux enfants. (Art. 28 et 97.)............ 64 et 162
Indemnité aux femmes. (Art. 28)..................... 64
Indemnité aux hommes. (Art. 27 ; Instr. § xxv.).......... 64
Indemnité aux infirmes. (Art. 29 ; Instr. § xxvi.).... 65 et 155
Indemnité aux malades. (Art. 29 ; Instr. § xxvi.).... 65 et 155
Indemnité aux marins. (Sous les art. 3, § 2 et 31.)..... 12, 68
Indemnité aux militaires. (Art. 31 ; Instr. § xxviii.). 67 et suiv.
Modèle de taxe pour témoin ayant perdu sa copie....... 247
Recevant traitement. (Art. 32 ; Instr. § xxxix.).......... 69
Séjour et Voyage, Indemnité. (Art. 30, 90, 91, 92, 95, 96,
    97 ; Instr. §§ xxvii, lxxxiv, lxxxv, lxxxviii, lxxxix) 65, 153 et s.
Témoins éloignés, Etrangers.................... 155, 156
TRADUCTIONS.
Voir : Experts, Interprètes, Taxes.
TRANSPORTS.
Commis assermentés. (Art. 89 ; Instr. §§ lxxviii, lxxix,
    lxxx, lxxxi, lxxxii et lxxxiii.)...................... 150

Pages.

Conseillers. (Art. 87 ; Instr. § LXXVI.).... 143, 144, 145 et 147
Greffiers. (Art. 89 ; Instr. § LXXVIII et suiv.)......... 150, 152
Juges. (Art. 88 ; Instr. § LXXVII.)............... 145 et suiv.
Officiers du ministère public. (Art. 88 ; § LXXVII.). 145 et suiv.
Présidents d'assises. (Art. 87; Instr. § LXXVI.)....... 144, 145
Pièces à conviction, Mémoire. (Art. 9 ; Instr. § VIII.)... 35, 36
Voir : Accusés, Détenus, Frais de justice criminelle, Greffe,
   Mémoires, Prévenus.

V

VACATIONS.

  Voir : Experts.

VÉRIFICATION DES FRAIS.

  Voir : Frais de justice criminelle.

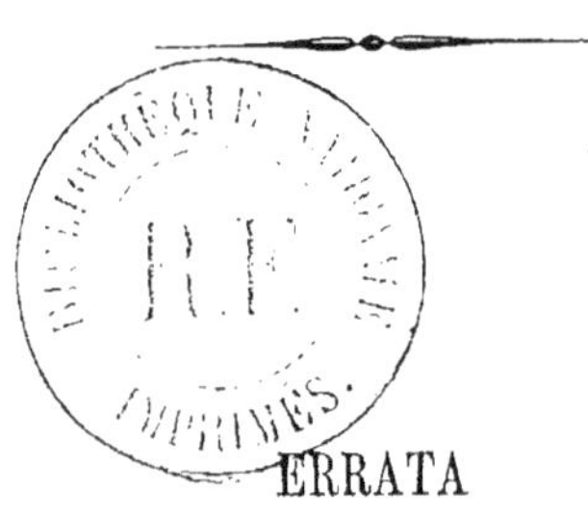

ERRATA

Page 46, ligne 4, *au lieu de* : de décret du 1807, *lisez* du décret
de 1807.

Page 87, ligne 7, *au lieu de* : Modèle nº 7, *lisez*, nº 17.

Page 200, chap. V, *au lieu de* : Transport des greffiers, *lisez*,
transport des greffes.

Chaumont. — Imprimerie de C. CAVANIOL.